Amilcar Cabral
Die Revolution der Verdammten
Rotbuch 113

Amilcar Cabral
Die Revolution der Verdammten

Der Befreiungskampf in Guinea-Bissao

Herausgegeben,
übersetzt und eingeleitet
von Hans U. Stauffer

Rotbuch Verlag Berlin

Bitte verlangen Sie vom Verlag den kostenlosen Almanach »Das kleine Rotbuch«

© 1974 für diese Ausgabe: Rotbuch Verlag, Berlin 31, Jenaer Str. 9
Titelfoto: Bruna Amico, Rom
Druck: Georg Wagner, Nördlingen
Printed in Germany. Alle Rechte vorbehalten
ISBN 3 88022 113 8

Inhalt

Republik Guinea-Bissao

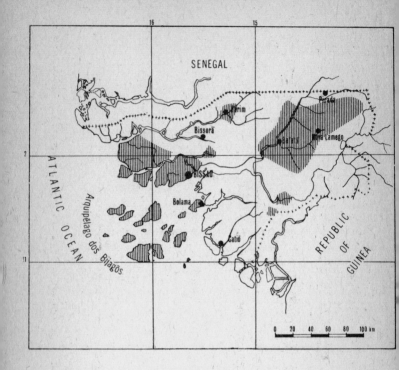

Schraffierte Flächen: Noch von den Portugiesen besetzt, Stand 24. 9. 1973

Fläche von Guinea-Bissao: 36 125 qkm, ca. 600 000 bis 800 000 Einwohner
Kapverden: 4 033 qkm

Vorwort

Der Mann, der in Schwarzafrika wohl am ehesten Guevara entspricht, ist Amilcar Cabral

(David Caute)

Der Kampf, den die Befreiungsbewegung von Guinea-Bissao, PAIGC (Partitudo Africano da Independência da Guiné e do Cabo Verde), gegen den portugiesischen Kolonialismus und gegen den Imperialismus führt, ist unabdingbar mit der Person Amilcar Cabrals verbunden. In wenigen Jahren entwickelte sich die PAIGC unter seiner Führung von einer Widerstandsgruppe, die bei ihrer Gründung 1956 kaum ein Dutzend Oppositionelle umfaßte, zu einer Massenorganisation, deren Befreiungskampf gegen die portugiesischen Kolonialisten heute im Vergleich zu den nationalen Befreiungsbewegungen in den beiden anderen portugiesischen Afrikakolonien – Angola und Moçambique – am weitesten fortgeschritten ist.

In den ersten Jahren ihres Bestehens stützte sich die PAIGC vor allem auf die in der Hauptstadt Bissao lebenden Intellektuellen und die – in Guinea-Bissao kaum vorhandene – Arbeiterklasse, vorwiegend Dockarbeiter und Arbeiter in Dienstleistungsbetrieben, da in Guinea-Bissao unter dem portugiesischen Kolonialismus keine Industrie aufgebaut worden war, sondern lediglich landwirtschaftliche Produkte exportiert wurden. Zu dieser Zeit bewegten sich die Aktivitäten der Partei streng im Rahmen der Legalität; man versuchte, durch Petitionen, Demonstrationen und Streiks politische und soziale Änderungen zu erreichen. Als am 3. August 1959 Hafenarbeiter in Pidjiguiti für höhere Löhne demonstrierten, wurden über 50 Arbeiter von der portugiesischen Armee erschossen. Dieses Massaker zeigte in aller Deutlichkeit, daß eine Opposition im Rahmen der Legalität in Guinea-Bissao nicht zum Erfolg führen konnte.

Cabral erkannte, daß »legale Kämpfe ungleiche Kämpfe sind. Dabei sind die Waffen nur auf einer Seite, nämlich auf Seiten der Macht und der Polizei.« Und er folgerte: »In unterentwickelten Ländern sind wirkliche Kämpfe revolutionär. Die Unterdrückten besitzen ebenfalls Waffen.« Von nun an stützte sich die PAIGC vor allem auf die Bauernmassen, die Mehrheit der Bevölkerung, die sie zu mobilisieren begann.

Der Entwicklung des bewaffneten revolutionären Befreiungskampfes legte Cabral eine Gesellschaftsanalyse zugrunde, in der er Standort und Funktion der verschiedenen Stämme und Klassen bestimmte. Wie er feststellte, war die Herausbildung von Klassen und Klassenwidersprüchen innerhalb der in Guinea-Bissao sehr zahlreichen Stämme verschieden weit fortgeschritten. Bei den Foulah mit ihrer hierarchischen Gesellschaftsordnung z. B. hatten die Häuptlinge beachtliche Privilegien gegenüber den Bauern. Dagegen fanden sich bei den Balante – als anderem Extrem – erst Ansätze zur Herausbildung von Klassen, das Land war Gemeinschaftseigentum, über die Erträge verfügte das Familienoberhaupt. Unter dem Einfluß des Kolonialismus stagnierte die Weiterentwicklung dieser vorkapitalistischen Gesellschaften.

Diese strukturell recht unterschiedlichen Bevölkerungsgruppen mußte die PAIGC über den in Guinea-Bissao vorherrschenden Hauptwiderspruch, nämlich den des Kolonialismus, aufklären. Dabei waren die besonderen Widersprüche innerhalb der einzelnen Stämme zu beachten und die Bauernschaft nach verschiedenen Methoden zu mobilisieren. Da sich die Kolonialisten in Guinea-Bissao kein Land angeeignet hatten, die Bauern also ihren eigenen Boden bebauten, mußte die PAIGC den ländlichen Massen zeigen, daß sie nicht unmittelbar, wie etwa die Vertragsarbeiter auf den Plantagen in Angola, sondern durch den Handel, durch den Unterschied zwischen Preis und Wert der Ware ausgebeutet wurden. »Das stellte für unseren Kampf ein schwieriges Problem dar: wir mußten den Bauern beweisen, daß sie auf ihrem eigenen Grund und Boden ausgebeutet wurden.«

Durch Aufklärung und Mobilisierung, die den jeweiligen Stammesrealitäten angepaßt war, gelang es der PAIGC, die tribalistische Zersplitterung zu überwinden und ein einheitliches Nationalbewußtsein zu schaffen. Die Abschaffung bestehender Ausbeutungsverhältnisse innerhalb der Stämme, z. B. durch Absetzung von Häuptlingen, war ein erster Schritt zum Aufbau einer neuen Gesellschaftsordnung in Guinea-Bissao.

Das Besondere des Befreiungskampfes in Guinea-Bissao liegt darin, daß eindeutig sozialistische Ziele verfolgt werden, obwohl die bisherige gesellschaftliche Entwicklung lediglich eine bürgerliche Revolution zulassen würde. Die minimale industrielle Entwicklung würde auf keinen Fall die Grundlage für eine sozialistische Umgestaltung der Gesellschaft abgeben und die Arbeiterklasse könnte als gesellschaftliche Minorität nicht der Träger der sozialen Emanzipation sein. Die vorkapitalistischen Verhältnisse auf dem Lande bieten jedoch bei internationaler Unterstützung die Ansatzpunkte für eine sozialistische Transformation der Gesellschaft.

Die internationale Solidarität macht es möglich, über den bürgerlichen Rahmen hinauszugehen und sozialistische Vorstellungen bereits jetzt zu verwirklichen. Die Entwicklung einer bürgerlichen Gesellschaft, die Entstehung einer neokolonialistischen Abhängigkeit unter der Führung einer nationalen Pseudobourgeoisie wird so verhindert. Schon diese spezifischen Bedingungen zeigen, daß die Revolution in Guinea-Bissao nicht mit anderen Revolutionen, z. B. in Rußland, China oder Kuba, gleichgesetzt werden kann.

Es gelang der PAIGC, den Massen klarzumachen, daß sie ihr Geschick selbst leiten konnten, daß sie ihr Leben selbst in die Hand nehmen mußten. So schuf die PAIGC in den Jahren von 1959 bis zum Beginn des bewaffneten Befreiungskampfes, 1963, unter der Landbevölkerung eine solide Basis, die fähig war, die Befreiungsbewegung zu tragen. Aus der Verschmelzung von Befreiungsbewegung und Volk, aus der festen Verankerung der Bewegung in den Massen resultiert die revolutionäre Kraft der PAIGC. Diese Entwicklung wurde nicht zuletzt durch die Schaffung der lokalen Volksmiliz zum Schutz der Bevölkerung gefördert.

Hatten sich die Portugiesen jahrhundertelang auf die von ihnen und anderen Kolonialisten mit Erfolg praktizierte Maxime ›Teile um zu herrschen‹ verlassen können, so zeigte ihnen die rasche Ausbreitung des Kampfes, daß die PAIGC die Schwäche der tribalistischen Zersplitterung überwunden hatte und nun einen ernstzunehmenden Gegner darstellte. Nur die massive Hilfe der portugiesischen NATO-Partner, allen voran der USA, der BRD, Großbritanniens, Belgiens, Italiens, und die Unterstützung durch Frankreich verhinderten das vollständige Scheitern der portugiesischen Kolonialpolitik der ›multirassischen Gesellschaft‹, nach der die Kolonien als ›Überseeprovinzen mit innerer Autonomie‹ Teile des Mutterlandes darstellen sollten. Warum gibt Portugal seine Afrikakolonien, die ihm durch die dort geführten Befreiungskriege doch ungeheure Kosten verursachen, nicht auf, warum unterstützen die NATO-Partner Portugals Kolonialkriege?

Cabral stellt dazu fest, daß Portugal durch seine wirtschaftliche Schwäche selbst nicht in der Lage ist, in den alten Kolonien, also etwa in Guinea-Bissao, eine neokoloniale Abhängigkeit zu schaffen, die für jede ehemalige koloniale Metropole zur Erhaltung der Profite lebensnotwendig ist. Eine solche neokoloniale Abhängigkeit kann man heute bei zahlreichen, von Frankreich und Großbritannien kontrollierten, ehemaligen Afrikakolonien feststellen. Portugal selbst ist jedoch wirtschaftlich vollständig vom Ausland abhängig; vor allem Großbritannien nimmt durch seine Investitionen in der portugiesischen Wirtschaft eine zentrale Stellung ein. Die meisten Profite fließen also nach Großbritannien und ins übrige kapitalistische Ausland ab, so daß für die portugiesische Bourgeoisie nichts übrig bleibt, um eine ihren Bedürfnissen entsprechende Wirtschaftspolitik zu betreiben, die eine neokoloniale Politik gewährleisten könnte – den

Import billiger Rohstoffe und die Ausfuhr von Überschußwaren in die Kolonien unter Benutzung einer hörigen, nationalen Pseudo-Bourgeoisie in den ›unabhängigen Kolonien‹.

Hier ist auch der Ansatzpunkt zu suchen, warum die NATO-Staaten die verbrecherische Kolonialpolitik Portugals beinahe vorbehaltlos unterstützen. Denn Portugal mit seiner eigenen ›neokolonialen‹ Abhängigkeit und seine Kolonien dienen ihnen als äußerst günstige Rohstofflieferanten und sind dadurch für die kapitalistische Wirtschaft lebensnotwendig. So wird z. B. in Angola von Gulf Oil, Texaco, Petrofina und Standard Oil Erdöl gefördert, De Beers schürft nach Diamanten und Krupp, Nippon Mining und Bethlehem Steel bauen Erze ab. Die portugiesische Bourgeoisie ihrerseits dient als Vermittler zwischen den Kolonien und den Konzernen. Diese Vermittlerrolle mußte sie mit Beginn der revolutionären Kämpfe allerdings teilweise aufgeben und die Kolonien direkt für ausländische Investitionen öffnen, da sie mit ihren finanziellen Möglichkeiten nicht alleine für die kostspieligen Militäroperationen aufkommen konnte. So muß heute das internationale Kapital die portugiesische Kolonialregierung im Kolonialkrieg unterstützen, will es seine Investitionen vor dem sich immer mehr ausbreitenden Befreiungskampf schützen. Mit Öffnung der Kolonien wurden einerseits durch Vergabe von Konzessionen und erhöhte Steuereinnahmen Finanzen für den Militärapparat bereitgestellt, andererseits das internationale Kapital mit der portugiesischen Kolonialpolitik verknüpft.

Zu den wirtschaftlichen Interessen an den portugiesischen Kolonien kommen noch militärisch-strategische Interessen, da die Kapverden wie die Azoren als NATO-Stützpunkte dienen. Angola und Guinea-Bissao müssen zudem als Zwischenstationen auf dem Weg zur Republik Südafrika betrachtet werden, die für die kapitalistische Wirtschaft ebenfalls eine wichtige Stellung einnimmt dank ihrer extrem großen Ausbeutungsmöglichkeiten und damit hohen Profitraten. Würden die portugiesischen Kolonien unabhängig, so wäre der Kontakt zwischen Südafrika und Europa empfindlich gestört, wenn nicht sogar unmöglich gemacht. Da aber ein Funktionieren der kapitalistischen Wirtschaftsordnung vom Weiterbestehen der wirtschaftlichen Ausbeutungsmöglichkeiten im südlichen Afrika und in den portugiesischen Kolonien — sowie all den anderen, in neokolonialistischer Abhängigkeit · stehenden Gebieten — abhängig ist, stellt der von der PAIGC geführte Kampf eine direkte Bedrohung für die europäische Kapitalistenklasse dar. In diesem Kontext wird das Engagement der NATO-Staaten zugunsten Portugals verständlich.

Notwendigerweise muß sich der Kampf der PAIGC nicht allein

gegen Portugal richten, sondern gegen alle jene Mächte, die durch ihre Kapitalinteressen mit Portugal zusammenarbeiten. Unter solchen Umständen kann eine nationale Befreiungsbewegung nur dann siegreich kämpfen, wenn sie ihre anti-imperialistischen Ziele klar definiert hat und von einer breiten Basis in den Volksmassen getragen wird. Der von der PAIGC begangene Weg der nationalen Befreiung, die eine umfassende revolutionäre Umgestaltung auf politischem, wirtschaftlichem, sozialem und kulturellem Gebiet mit sich bringt, ist Garant für das Heranwachsen eines neuen, demokratischen, antiimperialistischen, antikolonialistischen Staates. Die am 24. September 1973 erfolgte Ausrufung der Republik Guinea-Bissao stellt einen weiteren großen Schritt auf dem Weg zur nationalen Selbständigkeit und Unabhängigkeit dar.

Die von der PAIGC eingeleitete Revolution, der Übergang von einer vorkapitalistischen zu einer sozialistischen Gesellschaftsordnung und der sozialistische Aufbau, ist jedoch ohne die internationale Solidarität nicht denkbar. Die aus der Kolonialzeit übernommenen feudalistischen und kapitalistischen Produktionsverhältnisse müssen unbedingt durch die technische und wissenschaftliche Hilfe fortschrittlicher Kräfte überwunden werden, damit eine sozialistische Gesellschaftsordnung entstehen kann.

An allen fortschrittlichen Kräften liegt es, den von der PAIGC geführten Befreiungskampf als Teil des eigenen Kampfes gegen die kapitalistische Unterdrückung zu erkennen und ihn mit allen Mitteln zu unterstützen. Dies umso mehr, da die imperialistischen Mächte ihr Engagement gegen die Befreiungsbewegungen sicher weiter verstärken werden.

Die in diesem Buch veröffentlichten Texte von Amilcar Cabral sollen einen allgemeinen Überblick über den nationalen Befreiungskampf geben und gleichzeitig die ganz speziellen Bedingungen, unter denen er stattfindet, aufzeigen. Bei der Textauswahl wurde darauf geachtet, daß sowohl die grundlegenden Analysen, auf denen die PAIGC ihre Praxis begründete, als auch theoretische Erkenntnisse, die durch die Erfahrungen im Kampf zustande kamen, enthalten sind. Weitere Texte geben Einschätzungen der Lage des nationalen Befreiungskampfes wieder oder zeigen das Verhältnis der PAIGC zum internationalen, antiimperialistischen Kampf.

Das Programm der PAIGC und die Verfassung der nun ausgerufenen Republik Guinea-Bissao ergänzen die Texte Cabrals. Eine Aufstellung der wichtigsten publizierten Reden, Aufsätze und Interviews von Cabral soll es ermöglichen, sich intensiver mit den Fragen des nationalen Befreiungskampfs und des Aufbaus einer neuen Gesellschaftsform unter den spezifischen afrikanischen Bedingungen zu befassen. Für weitere Informationen kann man sich zudem an die aufgeführten, bereits aktiven Solidaritätsgruppen wenden. Der PAIGC und all jenen, die mir Texte zugänglich gemacht haben, sei an dieser Stelle gedankt.

Basel, Februar 1974   *Hans U. Stauffer*

Kurze Analyse der Gesellschaftsstruktur in ›portugiesisch‹-Guinea*

Ich möchte Ihnen gerne etwas über die Situation in unserem Land, in ›portugiesisch‹-Guinea, erzählen, indem ich mit der Analyse der sozialen Situation beginne, die uns als Ausgangspunkt unseres Kampfes zur nationalen Befreiung gedient hat. Ich werde zwischen den ländlichen Gebieten und den Städten oder besser den städtischen Zentren unterscheiden, was aber nicht heißen soll, daß diese sich feindlich gegenüberstehen.

In den ländlichen Gebieten war es nötig, zwischen zwei Gruppen zu unterscheiden: auf der einen Seite die Gruppe, die wir als halbfeudal bezeichnen und die durch die Foulah repräsentiert wird, und auf der anderen Seite die Gruppe, die durch die Balante repräsentiert wird; von diesen nehmen wir an, daß sie keine bestimmte Form der staatlichen Organisation haben.

Es gibt, was die soziale Stellung angeht, eine ganze Reihe von Abstufungen zwischen diesen beiden extremen ethnischen Gruppen. Ich möchte darauf hinweisen, daß, obwohl die halbfeudalen Gruppen im allgemeinen Moslems und die Gruppen ohne irgendwelche Staatsform Animisten sind, es unter den Animisten eine Gruppe gibt, die Mandjacken, die zu der Zeit, als die Portugiesen ins Land kamen, gesellschaftliche Verhältnisse kannten, die man als feudal bezeichnen kann.

Ich möchte Ihnen nun eine kurze Vorstellung von der sozialen Schichtung innerhalb der Foulah-Gesellschaft vermitteln. Wir meinen, daß die Häuptlinge, die Adligen und die Priester eine Gruppe bilden; danach kommen die Handwerker und die Dyulas, die reisenden Kaufleute, und schließlich die Bauern. Ich möchte heute jedoch keine gründliche Analyse der ökonomischen Situation jeder dieser Gruppen machen; aber ich möchte sagen, daß die Häuptlinge und die Männer aus ihrer Umgebung bemerkenswerte Privilegien haben, vor allem was den Besitz von Land und die Nutzung der Arbeitskraft anderer betrifft, obwohl gewisse Traditionen, die den gemeinsamen Besitz des Landes betreffen, erhalten geblieben sind.

Das bedeutet, daß die von den Häuptlingen abhängigen Bauern verpflichtet sind, eine gewisse Zeit im Jahr für diese Häuptlinge zu arbeiten. Die Handwerker, seien es Schmiede – was die niedrigste Beschäftigung ist –, Lederbearbeiter oder was auch immer, spielen eine wichtige Rolle im sozio-ökonomischen

* Rede, gehalten anläßlich eines Seminars des ›Centre Frantz Fanon‹ in Treviglio/Mailand (Italien) im Mai 1964.

Leben der Foulah. Sie repräsentieren das, was man den ›Keim einer Industrie‹ nennen kann.

Die Dyulas, die wie einige meinen, über den Handwerkern stehen, haben in Wirklichkeit keine derartige Stellung bei den Foulah. Es sind Leute, die die Möglichkeit der Geldakkumulation haben, was sie manchmal auch verwirklichen. Die Bauern haben im allgemeinen keine Rechte, sie sind die wirklich Ausgebeuteten in der Foulah-Gesellschaft.

Außer der Frage nach dem Besitz und dem Eigentum gibt es noch ein anderes Element, das man in den Vergleich einbeziehen sollte: es ist die Stellung der Frau. Bei den Foulah haben die Frauen keinerlei Rechte; sie nehmen zwar an der Produktion teil, aber sie besitzen nicht das, was sie produzieren. Außerdem ist die Polygamie eine äußerst verbreitete Institution, und die Frauen werden bis zu einem gewissen Grad als Eigentum der Männer betrachtet.

Bei den Balante, die das entgegengesetzte Extrem darstellen, finden wir eine Gesellschaft ohne jegliche soziale Stufung. Es gibt nur einen Ältestenrat in jedem Dorf oder jedem Dorfteil, der über die Tagesprobleme entscheidet. In der Gruppe der Balante hält man das Land als Dorfeigentum, aber jede Familie bekommt die Menge Land, die sie benötigt, um ihren Lebensunterhalt zu sichern. Die Produktionsmittel, oder vielmehr die Produktionsinstrumente, sind nicht kollektives Eigentum, sondern Eigentum der Familien oder Individuen.

Spricht man von den Balante, so muß man auch hier die Stellung der Frau erwähnen. Bei den Balante sind noch einige Tendenzen zur Polygamie feststellbar, obwohl es sich um eine überwiegend monogame Gesellschaft handelt. Die Frauen nehmen an der Produktion teil, sie besitzen, was sie produzieren, und das bewirkt eine Stellung der Frau, die wir als privilegiert bezeichnen können, da sie völlig frei ist. Der einzige Punkt, in dem die Frau nicht frei ist, ist der, daß die Kinder dem Ehemann, dem Familienoberhaupt, gehören, und das Familienoberhaupt beansprucht stets jedes Kind, welches die Frau zur Welt bringt. Das kann man durch die gegenwärtige Wirtschaftsform erklären, in der die Stärke einer Familie durch die Zahl der Hände, die das Land bestellen, repräsentiert wird.

Wie ich erwähnt habe, gibt es zwischen diesen Extremen eine Fülle von Zwischenstufen. In ländlichen Gebieten sollte ich die kleinen afrikanischen Landbesitzer erwähnen. Sie stellen eine verhältnismäßig kleine Gruppe dar, sie haben jedoch im nationalen Befreiungskampf eine gewisse Rolle gespielt und sich als sehr nützlich erwiesen.

In den Städten – ich spreche nicht über die Anwesenheit der Europäer in den ländlichen Gebieten, da es sie dort nicht gibt

– müssen wir zwischen Europäern und Afrikanern unterscheiden. Die Europäer können sehr leicht in Klassen eingeteilt werden, da sie die soziale Schichtung Portugals in Guinea beibehalten haben. Sicherlich hängt dies zusammen mit der Funktion, die sie in Guinea ausüben. Zuerst kommen die hohen Beamten und die Manager der Unternehmen, die praktisch eine Schicht bilden und keine Kontakte zu den anderen europäischen Schichten haben. Danach kommen die mittleren Beamten, die kleinen europäischen Kaufleute, die im Gewerbe tätigen Leute und die Mitglieder freier Berufe. Danach kommen die Arbeiter, die vor allem Facharbeiter sind.

Bei den Afrikanern bilden die höheren Beamten, die mittleren Beamten und die Angehörigen der freien Berufe eine Gruppe, danach kommen die kleinen Beamten und die, die durch Vertrag im Gewerbe angestellt sind. Von diesen müssen diejenigen unterschieden werden, die im Gewerbe ohne Vertrag angestellt sind und jederzeit entlassen werden können. In diese Gruppe gehören ebenfalls die kleinen Farmbesitzer. Wir ordnen diese Gruppe dem afrikanischen Kleinbürgertum zu. Tatsächlich würden, wenn man eine feinere Analyse erstellte, auch die höheren und mittleren afrikanischen Beamten und die freien Erwerbstätigen zum Kleinbürgertum hinzugezählt. Außerdem gibt es bestimmte wichtige Gruppen, wie etwa die Dockarbeiter. Sie sind auf den Schiffen beschäftigt und transportieren Agrarprodukte und sonstige Waren. Dann gibt es im weiteren Hausdiener, in Guinea meistens Männer. Andere arbeiten in Reparaturwerkstätten und kleinen Fabriken. Schließlich sind einige als Portier und ähnliches beschäftigt. Auch sie fallen in die Kategorie der Lohnempfänger. Sie haben sicherlich bemerkt, daß wir uns hüten, diese Gruppen als Proletariat oder Arbeiterklasse zu bezeichnen.

Eine weitere Gruppe von Menschen nennen wir ›Déclassés‹. Hier sind zwei Untergruppen zu unterscheiden. Die erste kann man nicht genau einordnen, sie ist das, was man als Lumpenproletariat bezeichnen würde, falls es ein echtes Proletariat gäbe. Sie besteht aus wirklich deklassierten Menschen, wie etwa Bettlern, Prostituierten etc. Die andere Gruppe setzt sich nicht aus wirklichen ›Déclassés‹ zusammen, aber wir haben noch keine eigene Bezeichnung gefunden. Dieser Gruppe haben wir sehr viel Aufmerksamkeit gewidmet, denn sie erwies sich als sehr wichtig im nationalen Befreiungskampf. Sie setzt sich vor allem aus jungen Leuten zusammen, die in Verbindung zum Kleinbürgertum oder zu Arbeiterfamilien stehen, gerade vom Land gekommen sind und im allgemeinen keine Arbeit haben. Sie haben aus diesem Grund zu den ländlichen Gebieten wie zu den Städten, ja sogar zu den Europäern, enge Beziehungen. Sie leben manchmal von der einen oder andern Beschäftigung, meistens jedoch auf Kosten ihrer Familie. In diesem Zusammenhang muß ich auf einen Unterschied zwischen Europa und Afrika hinweisen. In Afrika verlangt die Tradition, daß ich, wenn ich beispielweise zu meinem Onkel in die Stadt gehe, in seinem Haus leben kann und er mich ernährt, auch ohne daß ich arbeiten muß. Damit wird eine Schicht von Menschen geschaffen, die das städtische Leben kennt, und, wie wir sehen werden, eine sehr wichtige Rolle spielen kann.

Die sozialen Schichten und ihr Verhältnis zum Kampf

Das war eine sehr kurze Analyse der Situation in Guinea. Sie verstehen sicher, daß eine derartige Analyse wertlos ist, wenn sie nicht mit unserem Kampf verbunden wird. Zur Übersicht: die Methode, die wir angewandt haben, war folgende: zuerst mußte die Stellung jeder Gruppe analysiert werden, d. h. in welcher Weise und in welchem Ausmaß sie vom Kolonialismus abhängt. Als nächstes mußten wir untersuchen, welche Haltung sie zum nationalen Befreiungskampf einnahm und schließlich, im Hinblick auf die Zeit nach der Befreiung, ihre revolutionäre Kraft prüfen.

Bei den Foulah ist die erste Gruppe, die der Häuptlinge und der Leute aus ihrer Umgebung, mit dem Kolonialsystem verbunden. Das ist speziell bei diesem Stamm der Fall, weil die Foulah in Guinea selbst Eroberer sind (die Portugiesen verbanden sich schon zu Beginn ihrer Eroberung Guineas mit den Foulah, um das Land rasch unter ihre Kontrolle zu bringen). Deshalb ist die Autorität der Häuptlinge sehr stark an die portugiesische Herrschaft gebunden. Die Handwerker wiederum sind von den Häuptlingen sehr abhängig. Sie leben von dem, was sie für die Häuptlinge produzieren, denn diese sind die einzigen, die ihre Produkte kaufen können. Einige Handwerker sind nun einfach zufrieden, wenn sie den Häuptlingen folgen können. Aber es gibt auch andere, die versuchen, sich vom Einfluß der Häuptlinge freizumachen und die zum Widerstand gegen das portugiesische Kolonialsystem bereit sind.

Das Hauptproblem bei den Dyulas besteht darin, daß sie vor allem damit beschäftigt sind, ihre persönlichen Interessen zu schützen. Schließlich sind die Dyulas nicht seßhaft, sie sind reisende Händler, sie schlagen nirgendwo Wurzeln. Ihr Hauptziel ist, immer noch größere Profite zu machen. Genau diese Tatsache, nämlich daß sie ständig herumzogen, war für unseren Kampf von großem Nutzen. Selbstverständlich gibt es unter den Dyulas einige, die unseren Kampf nicht unterstützen, und andere, die von den Portugiesen als Spione gegen uns verwendet worden sind. Aber es gibt auch welche, mit denen wir sehr erfolgreich arbeiten konnten, um die Menschen zu mobilisieren, wenigstens soweit es um die Verbreitung unserer Propaganda ging. Wir mußten ihnen nur eine gewisse Belohnung zukommen lassen, denn sie machen nie etwas umsonst.

Offensichtlich ist es die Bauernschaft, die das größte Interesse am Kampf hat. Natürlich spielen die verschiedenen gesellschaftlichen Verhältnisse in Guinea (feudal – halbfeudal) und der Ausbeutungsgrad eine Rolle. Aber das Problem ist doch nicht einfach eines der objektiven Interessen. Die Tradition – oder vielmehr der Überbau – hat eine den ökonomischen Verhältnissen entsprechende Struktur, deshalb haben die Foulah-Bauern die Tendenz, ihren Häuptlingen zu folgen. Aus diesem Grund war eine sorgfältige und intensive Arbeit notwendig, um sie zu mobilisieren. Bei den Balante und den Gruppen ohne eine feststellbare staatliche Organisation fällt auf, daß die animistische Tradition noch einen starken Einfluß hat, auch unter den Moslems in Guinea. Der islamische Bevölkerungsteil ist jedoch nicht eigentlich islamisiert, vielmehr ist er lediglich vom Islam stark beeinflußt. Es sind Animisten, die einige Umgangsformen der Moslems übernommen haben, die jedoch noch immer sehr klar von animistischen Vorstellungen überlagert werden. Was jedoch noch wichtiger ist: diese Gruppen ohne staatlichen Aufbau leisteten viel mehr Widerstand gegen die Eroberer als die anderen. Aus dieser Tradition heraus waren sie auch am schnellsten bereit, die Idee des nationalen Widerstands zu übernehmen.

Hier sollte ich ein Problem, das für uns von größter Wichtigkeit ist, vortragen: es ist die Tatsache, daß wir ein Land von Bauern sind. Die Frage ist, ob die Bauernschaft die hauptsächlich revolutionäre Kraft darstellt. Ich beschränke mich auf mein eigenes Land, von dem sofort gesagt werden kann, daß die Bauernschaft keine revolutionäre Kraft darstellt, was seltsam erscheint, da wir uns ja in unserem bewaffneten Befreiungskampf auf die Bauern gestützt haben. Wir müssen jedoch zwischen der physischen und der revolutionären Kraft einen Unterschied machen. Physisch ist die Bauernschaft in Guinea eine starke Kraft. Sie stellt beinahe die gesamte Bevölkerung dar, sie produziert und kontrolliert die Schätze der Nation. Wir wissen jedoch aus Erfahrung, welche Mühe es kostete, die Bauern zum Kampf zu bringen. Auf diese Probleme werde ich jedoch später noch zurückkommen.

Hier möchte ich mich auf das beziehen, worauf mein Vorredner hingewiesen hat: China.

Die Bedingungen für die Bauern in China waren ganz anders.

Die Bauern dort hatten eine Geschichte der Kämpfe, das war in Guinea jedoch nicht der Fall, und aus diesem Grund war es für die Soldaten und unsere Propagandisten nicht möglich, eine ähnliche Bereitschaft bei den Bauern zu finden, wie es in China der Fall war. Aber auch wir fanden sogar ganz zu Beginn in einigen Teilen des Landes und bei einigen Gruppen eine freundliche Aufnahme. Bei anderen Gruppen mußten wir sie erst erwerben.

Wir müssen auch die Stellung der verschiedenen Gruppen zum Kampf beachten. Die Europäer stehen der Idee der nationalen Befreiung im allgemeinen feindlich gegenüber. Sie sind die menschlichen Werkzeuge des Kolonialstaates in unserem Land und lehnen daher von Anfang an jeden Gedanken der nationalen Befreiung ab. Es muß bemerkt werden, daß diejenigen Europäer, die den Gedanken der nationalen Befreiung am heftigsten ablehnen, die Arbeiter sind, während wir bei der europäischen Kleinbourgeoisie manchmal sogar Sympathie für den Kampf fanden.

Was die Afrikaner angeht, so kann man dort das Kleinbürgertum in drei Gruppen einteilen, je nach dem wie ihr Verhältnis zum Befreiungskampf ist. Zuerst diejenige Gruppe, die dem Kolonialsystem sehr ergeben und mit ihm handelseinig geworden ist. Sie umfaßt die Mehrheit der höheren Beamten und der Angehörigen der freien Berufe. Dann die Gruppe, die wir manchmal zu Unrecht das revolutionäre Kleinbürgertum nennen. Es ist der Teil, der eine nationale Gesinnung entwickelte und auch den Gedanken der nationalen Befreiung formulierte. Dazwischen steht derjenige Teil des Kleinbürgertums, der noch nicht fähig war, sich zwischen der nationalen Befreiung und den Portugiesen zu entscheiden. Es folgen die Lohnempfänger, die man ungefähr mit dem europäischen Proletariat vergleichen könnte, obgleich sie ihm nicht genau entsprechen. Hier gibt es eine Mehrheit, die sich für den Kampf entschieden hat. Aber es gibt auch viele Mitglieder dieser Gruppe, die nicht leicht zu mobilisieren waren: Lohnempfänger mit sehr kleinbürgerlichem Bewußtsein, deren einziges Ziel es war, das zu verteidigen, was sie erreicht hatten.

Jetzt kommen als nächste die ›Déclassés‹. Die wirklich Deklassierten, die ständigen Herumlungerer, die Prostituierten etc., waren der portugiesischen Polizei eine große Hilfe, da sie ihr Informationen gaben. Diese Gruppe ist völlig gegen unseren Kampf eingestellt. Vielleicht ist sie es, ohne es zu wissen, aber sie ist es. Auf der andern Seite beginnt jedoch allmählich eine Gruppe, die ich oben erwähnte und für die wir noch keine Bezeichnung gefunden haben – die Gruppe, die aus jungen Leuten besteht, die vom Land kamen und sowohl zur Stadt wie zum Land Beziehungen haben –, Vergleiche zwischen dem Lebensstandard ihrer Familien und dem der Portugiesen zu ziehen. Sie beginnen zu verstehen, welche Opfer die Afrikaner bringen müssen. Im Kampf erwiesen sie sich als sehr dynamisch. Viele dieser Leute nahmen schon zu Beginn am Kampf teil, und in dieser Gruppe fanden wir viele von denen, die wir jetzt als Kader ausbilden.

Die Bedeutung der städtischen Erfahrung liegt darin, daß diese es ermöglicht, Vergleiche anzustellen. Diese Anregung ist für das Erwachen eines Bewußtseins sehr wichtig. Es ist interessant zu bemerken, daß der algerische Nationalismus bei den nach Frankreich ausgewanderten Arbeitern eine sehr große Verbreitung fand. Was Guinea betrifft, so wurde hier die Idee des nationalen Befreiungskampfes nicht außerhalb, sondern innerhalb des Landes geboren, in einer Umgebung, in der die Menschen ständig stark ausgebeutet wurden. Viele Leute sagen, daß die Bauern die Hauptlast der Ausbeutung zu tragen haben. Das mag richtig sein, aber man muß feststellen, daß, was den Kampf angeht, nicht die Schwere des Leidens von Bedeutung ist. Sogar äußerst schwere Leiden führen nicht zu diesem Bewußtseinsgrad, auf den der nationale Befreiungskampf angewiesen ist. In Guinea sind die Bauern einer Art von Ausbeutung unterworfen, die der Sklaverei nahekommt. Aber selbst wenn man versuchte, ihnen zu erklären, daß sie ausgebeutet und beraubt werden, ist es schwierig, sie wirklich zu überzeugen, daß sie ausgebeutete Menschen sind – wenn man rein technisch und ökonomisch argumentiert. Hingegen ist es leichter, die Arbeiter und die in den Städten beschäftigten Menschen, die beispielsweise 10 Escudos pro Tag verdienen, während der Europäer zwischen 30 und 50 Escudos erhält, von der massiven Ausbeutung und Ungerechtigkeit zu überzeugen, weil sie es sehen können. Als Beispiel können wir meinen eigenen Fall nehmen: als Angehöriger des Kleinbürgertums trat ich dem Kampf bei. Ich war Agronom und arbeitete bei einem Europäer, von dem jedermann wußte, daß er der größte Idiot in ganz Guinea war. Ich hätte seine Arbeit mit geschlossenen Augen machen können, aber er war der Chef und das zählt viel; das ist die Konfrontation mit den Tatsachen. So etwas ist von großer Bedeutung, wenn man nach dem Ursprung der Kampfidee sucht.

Eine weitere Arbeit bestand darin, die materiellen Interessen und Bestrebungen und die revolutionären Kräfte jeder Gruppe für die Zeit nach der Befreiung zu untersuchen. Wie ich schon erwähnte, glauben wir nicht, daß die Bauern in Guinea eine revolutionäre Kraft darstellen.

Zuerst hatten wir alle diese Gruppen und die Widersprüche

zwischen und in ihnen zu analysieren, um ihre Stellung zum Kampf und zur Revolution festzustellen. Als erstes mußte geklärt werden, worin der Hauptwiderspruch während des Kampfes bestehen würde. Für uns bestand der Hauptwiderspruch zwischen den Interessen der portugiesischen und internationalen Bourgeoisie einerseits – sie beuten unser Land aus – und den Interessen unseres Volkes andererseits. Es gibt jedoch auch größere Widersprüche innerhalb des Landes selbst. Unserer Meinung nach ist der Hauptwiderspruch nach Beseitigung des Kolonialismus der zwischen den regierenden Klassen, den halbfeudalen Gruppen und den Gruppen ohne feste Organisation; dieser Widerspruch wird dann zum Hauptwiderspruch. Wir konnten als erstes feststellen, daß die Unterwerfung, die zuerst von den Mandingua und später von den Foulah ausging, ein Kampf zwischen zwei Gegensätzen war, der durch die sehr starke Struktur der Animisten gehemmt wurde. Es existieren heute jedoch noch andere Widersprüche, wie etwa der zwischen den verschiedenen feudalen Gruppen und der zwischen der oberen und unteren Schicht. All dies ist für unsere Zukunft sehr wichtig, schon während des Kampfes müssen wir anfangen, die Widersprüche zwischen den Foulah und ihren Häuptlingen, die sehr eng mit den Portugiesen zusammenarbeiten, auszunützen. Einen weiteren Widerspruch gibt es bei den Animisten, nämlich zwischen dem Gemeineigentum an Land und dem Privateigentum an Produktionsmitteln. Ich versuche hier jedoch nicht, ausländische Konzeptionen zu strapazieren; das ist nämlich eine Beobachtung, die man im Land selbst machen kann. Das Land gehört dem Dorf, aber das, was produziert wird, gehört denen, die es produzieren – gewöhnlich der Familie oder dem Familienoberhaupt.

Es gibt noch weitere Widersprüche, die wir jedoch für sekundär halten. Vielleicht sind Sie erstaunt, daß wir die Widersprüche zwischen den Stämmen als sekundär betrachten. Man könnte längere Zeit darüber diskutieren, aber wir meinen, daß es zwischen den wirtschaftlichen Gruppen – wie Sie es nennen würden – in den kapitalistischen Ländern viel mehr Widersprüche gibt als zwischen den ethnischen Gruppen hier in Guinea. Unser Kampf für die nationale Befreiung und die von der Partei geleistete Arbeit haben gezeigt, daß dieser Widerspruch wirklich nicht sehr bedeutend ist. Die Portugiesen hingegen hielten ihn für sehr wichtig. Aber sobald wir den Kampf organisierten, erwies sich der Widerspruch zwischen den Stämmen als sekundär und schwach. Das soll jedoch nicht bedeuten, daß wir diesem Widerspruch keine Bedeutung beimessen. Wir weisen beide Positionen zurück, die man in Afrika finden kann; die eine lautet: es gibt keine Stämme, wir sind alle gleich, wir sind ein Volk, das ungeheuer einig ist, und die Partei umfaßt alles. Die andere Position lautet: Stämme gibt es, wir müssen die Partei auf die Stämme ausrichten. Unsere Position liegt zwischen beiden, wir sind uns aber bewußt, daß man dieses Problem immer im Auge behalten muß. Es müssen strukturelle, organisatorische und andere Maßnahmen ergriffen werden, um sicher zu gehen, daß dieser Widerspruch nicht verschärft wird und sich zu einem wichtigen Widerspruch entwickelt.

Nun zu den Widersprüchen zwischen den ländlichen und städtischen Gebieten. Ich würde sagen, daß es keine Konflikte zwischen Stadt und Land gibt, nicht zuletzt deswegen, weil die Stadtbewohner eben erst vom Land kamen. Jedermann in den Städten in Guinea hat nahe Verwandte auf dem Land, und alle Stadtbewohner beschäftigen sich noch immer mit bäuerlichen Tätigkeiten, beispielsweise dem Anbau von Früchten. Trotzdem gibt es einen potentiellen Widerspruch zwischen Stadt und Land, den der Kolonialismus zu vergrößern sucht.

Die Aufgabe der Partei

Dies ist in Kürze eine Analyse der Lage. Sie führt uns zu folgendem Schluß: wir müssen alle im nationalen Befreiungskampf gegen den portugiesischen Kolonialisten zu einen suchen. Darin liegt unsere Hauptaufgabe. Aber es ist außerdem nötig, alles so zu organisieren, daß wir jederzeit ein Instrument in der Hand haben, mit dem wir Widersprüche zwischen den Stämmen lösen können. Das überzeugte uns von der unumgänglichen Notwendigkeit des Aufbaus der Partei während des nationalen Befreiungskampfes. Es gibt Leute, die unsere Partei als Front verstehen. Vielleicht ist unsere Partei im Moment eine Front, aber innerhalb der Front ist es die Partei, die die Front führt. Es gibt keine andere Partei innerhalb der Front. Der Kampf stellt einen allgemeinen Rahmen dar, aber innerhalb dieses Rahmens wissen wir, was die Partei ist, wo die Partei aufhört und wo die Leute, die sich für den Befreiungskampf gesammelt haben, beginnen.

Als wir unsere Analyse machten, standen wir noch vielen theoretischen und praktischen Problemen gegenüber. Wir hatten einige Kenntnisse von den Erfahrungen anderer und wir wußten, daß ein Kampf des Inhalts, wie wir ihn führen und zu gewinnen hoffen, von der Arbeiterklasse durchgeführt werden muß. Wir hielten nach der Arbeiterklasse in Guinea Ausschau und fanden sie nicht. Andere Beispiele zeigten uns, daß alle, die den Kampf aufgenommen hatten, revolutionäre Intellektuelle waren. Was tun? Wir waren nur eine Gruppe Kleinbürger, die durch die Lebensrealität in Guinea, durch die Leiden, die wir erdulden mußten, und auch durch den Einfluß, den die Ereignisse in Afrika und anderswo auf uns hatten, vor allem durch die Erfahrungen, die einige von uns in Portugal und anderen europäischen Ländern gemacht hatten, dazu gebracht wurden, etwas zu tun und etwas zu versuchen.

Und so begann diese kleine Gruppe. Wir dachten zuerst an eine gewöhnliche Bewegung für die nationale Unabhängigkeit, aber das erwies sich sofort als undurchführbar. Wir beschlossen, unsere Aktivitäten auf die Arbeiter in den Städten auszudehnen und wir hatten damit einige Erfolge: wir stellten Bewegungen für höhere Löhne und bessere Arbeitsbedingungen und ähnliches auf die Beine. Ich möchte hier nicht weiter in die Details gehen, die einzige Feststellung, die ich hier anbringen möchte, ist, daß wir bemerkenswerterweise kein Proletariat hatten. Uns fehlten auch ganz eindeutig revolutionäre Intellektuelle, so daß wir mit der Suche beginnen mußten, nachdem feststand, daß wir nicht an die revolutionäre Kraft der Bauern glauben konnten, was sich auch als richtig erwies.

In den Städten waren die Dockarbeiter eine wichtige Gruppe. Eine andere wichtige Gruppe waren die Leute, die auf den Schiffen arbeiteten, dort Waren trugen, die Flüsse hinauf und hinunter fuhren und in Bissao wohnten. Diese Leute erwiesen sich als ihrer Lage und ihrer wirtschaftlichen Bedeutung äußerst bewußt und ergriffen die Initiative, um ohne irgendwelche gewerkschaftliche Führung Streiks durchzuführen. Wir beschlossen deshalb, unsere gesamte Arbeit auf diese Gruppe zu konzentrieren. Das erbrachte hervorragende Ergebnisse, und diese Gruppe begann bald, eine Art Vortrupp zu bilden, der das Verhalten der andern Lohnempfängergruppen – eigentliche Arbeiter und Fahrer, zwei andere wichtige Gruppen – zu beeinflussen begann. Wir würden, wenn ich mich so ausdrücken darf, ein kleines Proletariat finden.

Wir schauten uns auch nach den Intellektuellen um, fanden jedoch keine, da die Portugiesen das Volk nicht erziehen. Was ist ein Intellektueller in unserem Land? Es könnte jemand sein, der die allgemeine Lage sehr gut kennt, der einige Kenntnisse – keine theoretischen, sondern konkrete – sowohl über Land und Bewohner, als auch über den Feind hat. Wir, die Leute, von denen ich gesprochen hatte, vereinigten uns, um eine Gruppe – die ›Interlocuteurs valables‹ (geeigneter Gesprächspartner, d. Hrsg.) – zu bilden.

Aber es gibt noch eine andere Gruppe von Leuten in den Städten, die wir nicht genau klassifizieren können. Sie sind mit den ländlichen Gebieten noch immer eng verbunden und kennen meistens alle Sprachen, die es in Guinea gibt. Sie kennen die

Bräuche der ländlichen Gebiete, während sie zur gleichen Zeit ein fundiertes Wissen über die europäischen städtischen Zentren besitzen. Sie haben auch einen gewissen Grad von Selbstvertrauen, können lesen und schreiben – was bei uns einen Menschen zum Intellektuellen macht –, und so konzentrierten wir unsere Arbeit auf jene Leute und begannen sofort damit, sie zu schulen.

Wir standen einem anderen schwierigen Problem gegenüber: wir stellten fest, daß wir Leute mit einem Bewußtsein benötigten, das über den Grad des nationalen Befreiungskampfes hinausgeht. Deshalb bildeten wir Kader aus dieser Gruppe aus, die ich gerade erwähnt habe: Menschen, die im Handel tätig sind, andere Lohnempfänger und sogar Bauern, damit sie das, was man ein Arbeiterbewußtsein nennt, erlangen konnten. Sie denken vielleicht, daß das absurd ist; auf alle Fälle ist es sehr schwierig. Damit eine Arbeiterklasse vorhanden sein kann, müssen die materiellen Bedingungen der Arbeiterklasse vorhanden sein.

Wir schafften es jedoch, diese Ideen einer großen Gruppe von Leuten einzuprägen – die Ideen, die es geben würde, wenn eine Arbeiterklasse vorhanden wäre. Ungefähr tausend Kader schulten wir so in unserer Kaderschule in Conakry. Dies war ungefähr alles, was wir zwei Jahre lang außerhalb des Landes taten. Als diese Leute dann in die ländlichen Gebiete zurückkehrten, gaben sie ihr Wissen an die Bauern weiter. Wir wählten auch unter diesen Kadern die Leute aus, die heute den Kampf führen. Wir sind keine kommunistische oder marxistisch-leninistische Partei: aber die Leute, die jetzt die Bauern im Kampf in Guinea anführen, stammen meistens aus dem städtischen Milieu und sind mit der städtischen Lohnempfängergruppe verbunden. Wenn ich höre, daß nur die Bauernschaft den Kampf führen kann, muß ich dann vermuten, daß wir etwas falsch gemacht haben? Alles was ich dazu zu sagen habe, ist, daß der Kampf im Augenblick gut vorankommt.

Es gibt viele Arten von Verallgemeinerungen politischer Art, wie etwa die Verallgemeinerung über die Bauernschaft, die immer noch zu hören ist. Es gibt einige Schlüsselwörter und Begriffe, es gibt gewisse Vorurteile unserer europäischen Freunde. Zum Beispiel: denkt jemand ›Revolution‹, denkt er daran, wie die Bourgeoisie gestürzt wird, denkt jemand ›Partei‹, vergißt er viele Dinge. Gestern stellte mir ein Freund viele Fragen über unsere Partei, und ich mußte ihm mehrmals sagen: »Aber es ist doch gar keine europäische Partei!« Die Begriffe ›Partei‹ und ›Parteibildung‹ entstanden nicht spontan, sie resultieren vielmehr aus einem langen Prozeß des Kampfes. Wenn wir jetzt in Afrika an den Aufbau einer Partei denken, so befinden wir uns unter Bedingungen, die sich sehr stark von denjenigen Europas unterscheiden, wo ja die Partei als historisch-soziales Phänomen aufkam. Das hat eine Menge Konsequenzen. Z. B. muß man die Begriffe ›Partei‹ oder ›einzige Partei‹ immer mit den afrikanischen Bedingungen verbinden.

Eine genaue historische Annäherung ist ebenfalls notwendig, wenn man ein anderes, verwandtes Problem untersucht: Wie können sich die unterentwickelten Länder hin zur Revolution, zum Sozialismus entwickeln? Es gibt viele Leute, ja sogar Linke, die eine vorgefaßte Meinung haben, die besagt, daß wir erst in die Geschichte eintraten, als der Imperialismus mit seiner Ausbeutung in unseren Ländern begann. Dieses Vorurteil muß jedoch zurückgewiesen werden: Für einen Linken und besonders für einen Marxisten bedeutet Geschichte Klassenkampf. Unsere Meinung ist der erstgenannten genau entgegengesetzt: Wir glauben, daß der Imperialismus, als er nach Guinea kam, uns dazu brachte, aus der Geschichte, aus unserer Geschichte, auszutreten. Wir stimmen damit überein, daß die Geschichte unseres Landes das Resultat von Klassenkämpfen ist, aber wir haben unseren eigenen Klassenkampf in unserem eigenen Land. In dem Augenblick, als bei uns der Imperialismus und der Kolonialismus einsetzten, begannen wir aus unserer Geschichte auszutreten und in eine andere Geschichte einzutreten. Wir stimmen voll damit überein, daß der Klassenkampf anhält, aber auf sehr verschiedene Weise. Unser Volk kämpft gegen die herrschenden Klassen der imperialistischen Länder, und dies ergibt für die historische Entwicklung unseres Landes einen ganz anderen Aspekt. Jemand fragte, welche Klasse die treibende Kraft in der Geschichte sei. Hier muß zwischen der Kolonialgeschichte und der Geschichte der menschlichen Gesellschaften unterschieden werden. Als beherrschtes Land stellen wir nur ein Ganzes dar, das dem Unterdrücker gegenübergestellt ist. Jeder einzelne Mensch, jede Menschengruppe wurde durch die Kolonisatoren unterschiedlichen Einflüssen unterworfen. Gibt es ein entwickeltes Nationalbewußtsein, so kann man sich fragen, welche soziale Schicht die treibende Kraft der Geschichte, der Kolonialgeschichte ist, und welche Schicht fähig sein wird, die Macht in ihre Hände zu nehmen, wenn das Volk sich von der Kolonialgeschichte befreien wird. Unsere Antwort ist, daß es alle sozialen Schichten sein werden, wenn die Leute, die die nationale Revolution gemacht haben – d. h. den Kampf gegen den Kolonialismus – gut gearbeitet haben. Denn die Einheit aller sozialen Schichten ist die Vorbedingung für den Erfolg des nationalen Befreiungskampfes. So wie wir es sehen, kann unter kolonialen Bedingungen keine Schicht allein Erfolge im Befreiungskampf erringen. Deshalb stellen alle Schichten der Gesellschaft die treibende Kraft der Geschichte dar. Das bringt uns jedoch auf einen scheinbaren Widerspruch, den es aber tatsächlich nicht gibt: Unter Kolonialbedingungen beherrscht nicht der Klassenkampf die Geschichte – womit ich nicht meine, daß der Klassenkampf in Guinea während der Kolonialzeit vollständig aufgehört hätte, er existiert weiter, aber in veränderter Form. Während der Kolonialzeit beherrscht der koloniale Staat die Geschichte.

Die Rolle des Kleinbürgertums

Unser Problem ist nun zu sehen, wer fähig ist, die Kontrolle über den neuen Staatsapparat zu übernehmen, wenn die koloniale Gewalt zerstört ist. In Guinea können die Bauern weder schreiben noch lesen, sie haben während der Kolonialzeit in der Regel keine Beziehungen zur kolonialen Gewalt, abgesehen von den Steuerabgaben, die jedoch in Form von indirekten Steuern erhoben werden. Die Arbeiterklasse existiert kaum als definierte Klasse, sie ist nur ein Keim. Es gibt keine ökonomisch lebensfähige Bourgeoisie, da der Imperialismus ihr Entstehen verhindert. Es gibt jedoch eine Schicht von Leuten im Dienst des Imperialismus, die lernten, wie man den Staatsapparat organisiert: die afrikanische Kleinbourgeoisie.

Das ist die einzige Schicht, die fähig wäre, die vom Kolonialismus gegen unser Volk benutzten Instrumente zu kontrollieren oder sogar selbst zu benutzen. So kommen wir zu der Schlußfolgerung, daß unter Kolonialbedingungen die Kleinbourgeoisie die Erbin der Staatsgewalt ist (obwohl ich wünschte, wir hätten unrecht). In dem Augenblick, wo die nationale Befreiung kommt, treten – oder besser gesagt – kehren wir wieder in die Geschichte zurück, und dann brechen die inneren Widersprüche wieder auf.

Wenn das geschieht – und alles deutet darauf hin –, wird es gewaltige äußere Widersprüche geben, die die innere Situation beherrschen werden, und nicht nur innere Widersprüche wie vorher. Welche Haltung kann die Kleinbourgeoisie einnehmen? Offenbar werden die Leute auf der Linken nach der ›Revolution‹ rufen, die auf der Rechten werden ›keine Revolution‹ rufen, was einem kapitalistischen Weg oder etwas ähnlichem entspricht.

Das Kleinbürgertum kann sich entweder mit dem Imperialismus und den reaktionären Schichten im eigenen Land verbünden, um sich selbst als Kleinbürgertum zu erhalten, oder es kann sich mit den Arbeitern und Bauern verbünden, die ihrerseits die Macht an sich nehmen werden, um die Revolution zu machen. Wir müssen uns klar ausdrücken, besonders in diesem Fall, wo wir die Kleinbourgeoisie nach ihren Absichten befragen. Werden wir sie bitten, Selbstmord zu begehen? Denn wenn es eine Revolution gibt, wird die Kleinbourgeoisie ihre Macht an die Arbeiter und Bauern verlieren und wird aufhören, als Kleinbourgeoisie zu existieren. Ob die Revolution stattfindet, hängt ab vom Charakter und der Größe der Partei, dem Charakter des Kampfes, der zur Befreiung führte, ob es einen bewaffneten Kampf gab, wie der bewaffnete Kampf geführt wurde, und natürlich von der Art des Staates.

Hier möchte ich etwas über die Stellung unserer Freunde auf der Linken sagen. Wenn eine Kleinbourgeoisie an die Macht kommt, erwarten sie offenbar von ihr, daß sie die Revolution macht. Aber wichtig ist, ob sie sich die Mühe machen, die Position des Kleinbürgertums während des Kampfes zu analysieren. Würden sie den Charakter des Kleinbürgertums untersuchen, sähen sie, wie es arbeitet, welche Mittel es verwendet und ob sich das Kleinbürgertum mit der Linken vor der Befreiung verbündete, um eine Revolution durchzuführen.

Wie Sie sehen, gibt der Kampf in den unterentwickelten Ländern der Kleinbourgeoisie eine besondere Funktion. In den kapitalistischen Ländern ist die Kleinbourgeoisie nur eine Schicht, die hilft. Sie entscheidet nicht die historische Orientierung des Landes, sie verbündet sich nur mit der einen oder anderen Gruppe. So ist die Hoffnung, daß das Kleinbürgertum gerade dann die Revolution ausführen wird, wenn es in einem unterentwickelten Land an die Macht kommt, die Hoffnung auf ein Wunder, obwohl es wahr ist, daß sie es tun könnte.

Das hängt mit dem wahren Charakter des Befreiungskampfes zusammen. In Guinea, wie auch in anderen Ländern, veränderte das gewaltsame Eindringen des Imperialismus und die Präsenz des Kolonialismus wesentlich die historischen Bedingungen und erzeugte eine Reaktion – den nationalen Befreiungskampf –, die allgemein als revolutionärer Trend angesehen wird. Dies bedarf meiner Meinung nach einer näheren Ausführung. Ich möchte folgende Frage formulieren: Ist die nationale Befreiung etwas, was einfach innerhalb unseres Landes entstanden ist? Ist sie ein Ergebnis der inneren Widersprüche, die durch die Anwesenheit des Kolonialismus entstanden sind, oder waren es äußere Faktoren, die sie entstehen ließen? Und hier haben wir einige Vorbehalte anzubringen: Nachdem der Fortschritt des Sozialismus in der Welt feststeht, ist dann die nationale Befreiungsbewegung nicht etwas, was auf den Imperialismus zurückgeht? Ist die juristische Institution, die als eine Art Referenz für das Recht aller Menschen dient, für ihre Befreiung zu kämpfen, ein Produkt der Menschen, die versuchen, sich selbst zu befreien? Wurde sie von den sozialistischen Ländern, die unsere historischen Verbündeten sind, eingerichtet? Sie wurde von den imperialistischen Ländern unterzeichnet, es waren imperialistische Länder, die das Recht aller Völker auf Unabhängigkeit anerkannt haben. Und deshalb frage ich mich, ob wir nicht etwas als von unserem Volk geschaffen ansehen, was in Wirklichkeit auf die Initiative des Feindes zurückgeht. Sogar Portugal, das gegen unser Volk in Guinea Napalm gebraucht, unterzeichnete die Deklaration der Rechte aller Völker auf Unabhängigkeit. Man kann sich fragen, warum sie so verrückt sind, etwas zu tun, das gegen ihre eigenen Interessen gerichtet ist. Auch wenn es ihnen teilweise aufgezwungen wurde, so bleibt die Tatsache, daß sie unterschrieben haben.

Wir glauben, daß die simple Interpretation der nationalen Befreiungsbewegung als revolutionärer Trend nicht ganz richtig ist. Das Ziel der imperialistischen Länder war zu verhindern, daß sich das sozialistische Lager vergrößerte, die reaktionären Kräfte in unserem Land zu fördern, die durch den Kolonialismus unterdrückt wurden, und diese Kräfte zu befähigen, sich mit der internationalen Bourgeoisie zu verbünden. Das wesentliche Ziel war, dort eine Bourgeoisie hervorzubringen, wo bisher keine existierte, um das imperialistische und kapitalistische Lager zu stärken. Dieses Aufkommen der Bourgeoisie in den neuen Ländern – das keineswegs erstaunlich ist – muß als absolut normal angesehen werden. Das sollte von all denen, die gegen den Imperialismus kämpfen, gesehen werden. Wir stehen deshalb vor dem Problem, uns entscheiden zu müssen, ob wir uns in jedem Fall und von Anfang an auf einen Kampf gegen die Bourgeoisie einlassen, oder ob wir mit der nationalen Bourgeoisie ein Bündnis eingehen wollen, um zu versuchen, den Widerspruch zwischen der nationalen und der internationalen Bourgeoisie, die die nationale Bourgeoisie in ihre jetzige Lage versetzt hat, zu vertiefen.

Um auf die Frage nach dem Charakter der Kleinbourgeoisie und der Rolle, die sie nach der Befreiung innehaben kann, zurückzukommen, möchte ich gerne einige Fragen an Sie stellen. Was hätten Sie gedacht, wenn sich Fidel Castro mit den Amerikanern geeinigt hätte? Ist es überhaupt möglich, daß die kubanische Kleinbourgeoisie, die das kubanische Volk zur Revolution brachte, sich mit den Amerikanern geeinigt hätte? Ich glaube, das hilft uns, den Charakter des revolutionären Kleinbürgertums zu bestimmen. Wenn ich es richtig sehe, meine ich, daß man folgendes sagen kann: Das revolutionäre Kleinbürgertum ist aufrichtig. Das bedeutet, daß es sich trotz aller feindseligen Bedingungen mit den fundamentalen Interessen der Masse identifiziert. Das mag Selbstmord bedeuten, aber er wird nicht umsonst gewesen sein. Indem es sich selbst opfert, kann es wieder zum Leben zurückkehren, aber in Gestalt von Arbeitern und Bauern. Wenn ich von Aufrichtigkeit rede, versuche ich nicht, moralische Kriterien anzulegen, um die Rolle des Kleinbürgertums zu beurteilen, wenn es an der Macht ist. Für mich bedeutet im politischen Kontext ›Aufrichtigkeit‹, daß man sich völlig den arbeitenden Massen widmet und sich mit ihnen identifiziert.

Wiederum ist die Rolle des Kleinbürgertums mit den möglichen politischen und sozialen Veränderungen verbunden, die nach der Befreiung eintreten können. Wir haben eine Menge über den Staat der nationalen Demokratie gehört, aber obwohl wir uns sehr bemühten, fanden wir nicht heraus, was das eigentlich ist. Da wir jedoch wissen müssen, was wir tun werden, wenn wir die Portugiesen hinausgeworfen haben, möchten wir wirklich erfahren, was es ist. Ebenso müssen wir uns der Frage zuwenden, ob der Sozialismus sofort nach der Befreiung aufgebaut werden kann. Das alles hängt von den Mitteln ab, die wir benutzen werden, um den Sozialismus aufzubauen. Wesentlichster Faktor ist der Charakter des Staates, wobei man nicht vergessen darf, daß es nach der Befreiung Menschen geben wird, die die Polizei, die Gefängnisse, das Militär etc. kontrollieren werden. Alles hängt davon ab, wer diese Menschen sind und was sie mit diesen Instrumenten tun werden.

So kehren wir wieder zu der Frage zurück, wer die treibende Kraft der Geschichte ist und wer das Erbe des Kolonialstaates unter unseren speziellen Bedingungen antreten wird.

Neokolonialismus und europäische Linke

Ich erwähnte kurz zuvor die Haltung der europäischen Linken gegenüber den unterentwickelten Ländern, in der viel Kritik und viel Optimismus steckt. Die Kritik erinnert mich an die Geschichte von dem Löwen: Einer Gruppe von Löwen wird ein Bild gezeigt mit einem Löwen, der auf dem Boden liegt, und einem Mann, der sein Gewehr mit dem Fuß auf dem Löwen hält. Wie jedermann weiß, ist der Löwe stolz darauf, der König des Dschungels zu sein. Einer der Löwen betrachtet das Bild und sagt: »Wenn wir Löwen nur malen könnten!« Wenn sich einer der Führer der jungen afrikanischen Länder, trotz der schrecklichen Probleme in seinem eigenen Land, die Zeit nehmen und Kritiker der europäischen Linken werden könnte und all das sagen würde, was er über den Niedergang der Revolution in Europa zu berichten hätte, über die Apathie in einigen europäischen Ländern, über die falschen Hoffnungen, die wir in einige europäische Gruppen gesetzt hatten ...!

Was uns hier wirklich interessiert, ist der Neokolonialismus. Nach dem zweiten Weltkrieg trat der Imperialismus in eine neue Phase ein. Auf der einen Seite wurde die neue Politik der Hilfe angewendet, das heißt, man sicherte den besetzten Ländern Unabhängigkeit und ›Hilfe‹ zu, andererseits konzentrierte man sich besonders auf Investitionen in den europäischen Ländern. Dies war vor allem ein Versuch, den Imperialismus zu rationalisieren. Auch wenn er noch keine nationalistische Reaktion in den europäischen Ländern erzeugt hat, sind wir sicher, daß er sie bald provozieren wird. Unserer Meinung nach bedeutet Neokolonialismus − den man rationalisierten Imperialismus nennen kann − eher eine Niederlage der internationalen Arbeiterklasse als eine der Kolonialvölker. Der Neokolonialismus arbeitet an zwei Fronten: sowohl in Europa als auch in den unterentwickelten Ländern. Seine gegenwärtige Politik ist es, den unterentwickelten Ländern Hilfe zu geben, und eines der wichtigsten Ziele dieser Politik ist, eine Pseudo-Bourgeoisie zu bilden, um die Revolution zum Erliegen zu bringen und die Möglichkeiten zu verbessern, die Kleinbourgeoisie als Neutralisator einer Revolution zu benützen.

Zur gleichen Zeit wird Kapital in Frankreich, Italien, Belgien, England etc. investiert. Unserer Meinung nach soll damit das Wachstum der Arbeiteraristokratie beschleunigt und das Aktionsfeld der Kleinbourgeoisie erweitert werden, um die Revolution zu bremsen. Daher muß man den Neokolonialismus und die Beziehung zwischen der internationalen Arbeiterbewegung und der unsern unter diesem Aspekt sehen.

Wenn es jemals Zweifel am engen Zusammenhang zwischen unserem Kampf und dem der internationalen Arbeiterbewegung gegeben hat, so beweist der Neokolonialismus, daß sie unbegründet sind. Bevor wir jedoch engere Beziehungen zwischen der Bauernschaft Guineas und der Arbeiterbewegung in Europa herstellen können, müssen wir zuerst engere Beziehungen zwischen der Bewegung der Bauern und der Lohnempfänger in unserem eigenen Land herstellen. Das Beispiel Lateinamerikas bietet eine gute Vorstellung von den Grenzen, die derartig engen Beziehungen gesetzt sind: Die alte, neokoloniale Situation in Lateinamerika und die Position des nordamerikanischen Proletariats zeigen klar die Nichtexistenz derartiger Beziehungen. Andere Beispiele lassen sich bei uns finden.

Es gibt jedoch noch einen weiteren Aspekt, den ich hervorheben möchte, nämlich den, daß die europäische Linke die intellektuelle Verantwortung hat, die konkreten Bedingungen in unserem Land zu studieren und uns auf diese Weise zu helfen, da wir sehr wenig Dokumentationen, sehr wenig Intellektuelle und kaum die Möglichkeit haben, eine solche Arbeit selbst zu leisten, obwohl dies von äußerster Bedeutung ist. Das wäre ein recht wichtiger Beitrag, den Sie leisten könnten. Sie können auch die wirklich revolutionären Befreiungsbewegungen auf jede erdenkliche Art unterstützen. Sie müssen diese Bewegungen analysieren, studieren und in Europa mit allen Mitteln gegen das kämpfen, was zur weiteren Unterdrückung des Volkes führt. Ich möchte besonders das Waffengeschäft erwähnen. Ich möchte unseren italienischen Freunden mitteilen, daß wir von den Portugiesen eine Menge italienischer Waffen erbeutet haben – ohne die französischen überhaupt zu erwähnen. Weiterhin müssen Sie alle sogenannten Befreiungsbewegungen entlarven, die unter dem Einfluß des Imperialismus stehen. Die Leute flüstern, daß dieser oder jener ein amerikanischer Agent sei, aber niemand von der europäischen Linken ist diesen Leuten gegenüber mutig und entschieden aufgetreten. Wir müssen selbst versuchen, diese Leute zu entlarven, die manchmal sogar von einem Teil Afrikas akzeptiert werden. Das bringt jedoch eine Menge Ärger mit sich ...

Um zum Ende zu kommen, möchte ich eine letzte Bemerkung über die Solidarität zwischen der internationalen Arbeiterbewegung und unserem nationalen Befreiungskampf machen. Es gibt zwei Alternativen: Entweder gibt man zu, daß es einen Kampf gegen den Imperialismus gibt, der jeden etwas angeht, oder man leugnet das. Wenn es einen Imperialismus gibt – und das ist offensichtlich – und dieser versucht, sowohl die Arbeiterklassen in allen modernen Ländern zu beherrschen, als auch die nationalen Befreiungsbewegungen in allen unterentwickelten Ländern zu unterdrücken, dann gibt es nur einen Feind, gegen den wir kämpfen müssen.

Wenn wir den Kampf gemeinsam führen, ist der wesentliche Aspekt unserer Solidarität eindeutig: man muß kämpfen. Ich glaube nicht, daß man darüber viele Worte verlieren muß. Wir kämpfen in Guinea mit dem Gewehr in der Hand. Sie müssen in Ihren Ländern ebenfalls kämpfen. Ich sage nicht, mit dem Gewehr in der Hand, ich werde Ihnen auch nicht sagen, wie Sie zu kämpfen haben, das ist Ihre eigene Angelegenheit. Aber Sie müssen die beste Form und die besten Mittel des Kampfes gegen unseren gemeinsamen Feind finden: das ist die beste Art der Solidarität.

Es gibt noch andere, zweitrangige Formen der Solidarität: Veröffentlichungen, Versand von Medikamenten etc. Ich versichere Ihnen: Wenn wir morgen den Durchbruch schaffen, und Sie im bewaffneten Kampf gegen den Imperialismus in Europa stehen, werden wir Ihnen ebenfalls Medikamente schicken.

Die nationalen Bewegungen
in den portugiesischen Kolonien*

Liebe Genossen und Freunde,
ich werde Euch ganz einfach und so kurz wie möglich etwas
über unsere Lage, unsere Situation und, wenn ihr wollt, über
unsere Ziele erzählen. Ich möchte objektiv und ohne Besessen-
heit eine kurze Analyse machen. Wenn wir die historischen
Perspektiven der wichtigsten Ereignisse der Menschheit nicht
vergessen, wenn wir – während wir alle Philosophien gebüh-
rend respektieren – nicht vergessen, daß die Welt die Schaffung
des Menschen selbst ist, so kann Kolonialismus als die Paralyse
oder die Ableitung oder sogar als das Aufhalten der Geschichte
eines Volkes zur Beschleunigung der Entwicklung eines anderen Volkes bezeichnet werden.
Aus diesem Grund sollten wir, wenn wir vom portugiesischen
Kolonialismus sprechen, ihn nicht von der Totalität der anderen Phänomene isolieren, die das Leben der Menschheit seit der
industriellen Revolution charakterisieren: vom Aufkommen
des Kapitalismus bis zum zweiten Weltkrieg. Aus diesem Grund
sollten wir, wenn wir von unserem Kampf sprechen, ihn nicht
von der Totalität des Phänomens trennen, welches das Leben
der Menschheit und besonders Afrikas seit dem zweiten Weltkrieg charakterisiert hat.
Ich erinnere mich an diese Zeit sehr gut. Wir werden alt. Ich
erinnere mich noch sehr gut, wie einige von uns als Studenten
in Lissabon zusammenkamen. Wir waren beeinflußt von den
Ereignissen, die die Welt erschütterten, und diskutierten eines
Tages, was zu tun sei, um unseren Geist zu re-afrikanisieren. Ja,
einige dieser Leute sind in diesem Saal. Und dies, liebe
Freunde, ist ein Beweis des Zurückgehens der Kräfte des portugiesischen Kolonialismus. Unter uns sind Agostinho Neto,
Mario de Andrade (MPLA), Marcelino Dos Santos (Frelimo),
Vasco Cabral (PAIGC) und Dr. Mondlane (Frelimo). Wir alle
begannen in Lissabon – manche permanent, manche zeitweilig
– diesen schon so langen Marsch zur Befreiung unserer Völker.
Im zweiten Weltkrieg gaben Millionen von Männern, Frauen
und Kindern, Millionen von Soldaten ihr Leben für ein Ideal:
das Ideal der Demokratie, der Freiheit, des Fortschritts und des
freien Lebens für alle Menschen. Natürlich wissen wir, daß der
zweite Weltkrieg grundlegende Widersprüche innerhalb des

* Rede, gehalten zur Eröffnung der CONCP-Konferenz (Conférence des Orga-
nisations nationalistes des Colonies portugaises) in Dar-Es-Salaam, 1965.

imperialistischen Lagers schuf. Aber wir wissen auch, daß eines
der grundlegenden Ziele des von Hitler und seinen Horden
begonnenen Krieges die Zerstörung des sich eben ausbreitenden
sozialistischen Lagers war.

Wir wissen auch, daß im Herzen jedes Menschen, der in diesem
Krieg kämpfte, eine Hoffnung war; eine Hoffnung auf eine
bessere Welt. Es war diese Hoffnung, die uns alle berührte und
die aus uns Freiheitskämpfer für unser Volk machte. Aber wir
müssen offen zugeben, daß zugleich, wenn nicht sogar stärker,
die konkrete Situation unserer Völker – das Elend, die Unwissenheit, der Mangel an allem und jedem, die Verweigerung
unserer elementarsten Rechte – von uns eine entschlossene Haltung gegen den portugiesischen Kolonialismus und konsequen-
terweise gegen jegliche Ungerechtigkeit in der Welt gefordert
hat.

Wir hielten viele Zusammenkünfte ab, wir gründeten mehrere
Organisationen. Ich rufe eine dieser Organisationen in Erinnerung: das Anti-Colonialist Movement, MAC.

Eines Tages werden wir das berühmte – für uns berühmte und
historische – Manifest des MAC veröffentlichen, in dem Sie die
Vorgeschichte unseres Kampfes, den wir heute siegreich gegen
den portugiesischen Kolonialismus führen, und unsere General-
linie finden können. Wir kämpfen gegen den portugiesischen
Kolonialismus. Für jeden Kampf ist es wichtig zu definieren,
wer wir sind und wer unser Feind ist. Wir, die Völker der portugiesischen Kolonien, sind afrikanische Völker, Völker jenes
Afrikas, das vom Imperialismus und dem Kolonialismus für
Jahrzehnte und in einigen Fällen sogar für Jahrhunderte ver-
führt wurde. Wir kommen aus jenem Teil Afrikas, den die
Imperialisten Schwarzafrika nennen. Ja, wir sind schwarz. Aber
wir sind Menschen wie alle anderen auch. Unsere Länder sind
wirtschaftlich rückständig. Unsere Völker sind in einem
bestimmten historischen Stadium durch diese ökonomische
Unterentwicklung charakterisiert. Wir müssen uns dessen
bewußt sein. Wir sind afrikanische Völker, wir haben nicht
viele Dinge erfunden, wir besitzen heute nicht die technischen
Waffen, die die anderen besitzen, wir haben keine großen
Fabriken, wir haben für unsere Kinder nicht einmal die Spiel-
zeuge, die andere haben; aber wir haben unsere eigenen
Herzen, unsere eigenen Köpfe und unsere eigene Geschichte.
Es ist diese Geschichte, die die Kolonialisten uns genommen
haben. Normalerweise sagen die Kolonialisten, sie seien es
gewesen, die uns in die Geschichte gebracht haben: heute
zeigen wir, daß dem nicht so ist. Sie zwangen uns, unsere
Geschichte zu verlassen und so auf ihrem Rücken den Fort-
schritten ihrer Geschichte zu folgen. Indem wir heute die

Waffen erheben, um uns zu befreien, und anderen Völkern folgen, die ebenfalls die Waffen erhoben haben, um sich zu befreien, wollen wir in unsere eigene Geschichte zurückkehren, auf unseren Füßen, mit unseren Mitteln und durch unsere Opfer. Wir, die Völker Afrikas, die gegen den portugiesischen Kolonialismus kämpfen, haben unter speziellen Bedingungen gelitten, da wir in den letzten Jahren unter der Herrschaft eines faschistischen Regimes standen.

Wer ist der Feind, der uns beherrscht, mit eigensinniger Verachtung aller Gesetze, der jegliche internationale Legalität und Moral ignoriert? Dieser Feind ist nicht das portugiesische Volk, nicht einmal Portugal selbst: für uns, die wir für die Freiheit der portugiesischen Kolonien kämpfen, ist der Feind der portugiesische Kolonialismus, der durch das faschistische portugiesische Regime repräsentiert wird. Natürlich ist ein Regime in gewissem Maße das Resultat der historischen, geographischen und ökonomischen Bedingungen des Landes, das es beherrscht. Portugal ist ein wirtschaftlich rückständiges Land, in dem über 50% der Bevölkerung ungebildet sind, ein Land, das Sie in allen statistischen Tabellen Europas an letzter Stelle finden werden. Das ist nicht die Schuld des portugiesischen Volkes, das in einer bestimmten geschichtlichen Epoche seinen Wert, seinen Mut und seine Fähigkeiten gezeigt, und das auch heute noch fähige Kinder, gerechte Söhne hat, Söhne, die ebenfalls Freiheit und Glück für ihr Volk wollen.

Portugal ist kein Land, das die Möglichkeiten hätte, andere Länder zu beherrschen. Portugal kam in unser Land, indem es sagte, es käme im Auftrag Gottes und der Zivilisation. Heute antworten wir mit der Waffe in der Hand: welchen Gott und welche Zivilisation die portugiesischen Kolonialisten auch immer repräsentieren, wir werden sie zerstören, denn wir zerstören jegliche Art der Fremdherrschaft in unseren Ländern.

Ich werde nicht in die Einzelheiten des portugiesischen Kolonialismus gehen. Das Hauptmerkmal des gegenwärtigen portugiesischen Kolonialismus ist eine einfache Tatsache: der portugiesische Kolonialismus, oder falls Sie so wollen, die portugiesische Infrastruktur kann es Portugal nicht erlauben, neokolonialistisch zu sein. Das ermöglicht uns, die ganze Angelegenheit zu verstehen, die Eigensinnigkeit des portugiesischen Kolonialismus gegenüber unserem Land. Wenn Portugal wirtschaftlich fortgeschritten wäre, wenn man Portugal als entwickeltes Land einordnen könnte, so wären wir heute sicherlich nicht im Krieg mit Portugal.

Viele Leute kritisieren Salazar und sagen Schlechtes von ihm. Er ist wie viele andere. Er hat viele Fehler, er ist ein Faschist, wir hassen ihn; aber wir kämpfen nicht gegen Salazar. Wir kämpfen gegen das portugiesische Kolonialsystem. Wir träumen nicht davon, daß der portugiesische Kolonialismus verschwinden wird, wenn Salazar verschwindet.

Unser Befreiungskampf hat für Afrika und für die ganze Welt große Bedeutung. Wir sind daran zu beweisen, daß ein Volk wie das unsere, das wirtschaftlich rückständig ist, lange Zeit beinahe nackt im Busch lebte, nicht lesen oder schreiben kann und keine Grundlagen der elementarsten technischen Begriffe hat, durch seine Opfer und Anstrengungen fähig ist, einen Feind zu schlagen, der nicht nur technisch weit fortgeschrittener ist als wir, sondern zudem noch von den größten imperialistischen Mächten der Welt unterstützt wird. Deshalb fragen wir Afrika und die Welt: Haben die Portugiesen recht, wenn sie behaupten, daß wir unzivilisierte Völker und Völker ohne Kultur seien? Wir fragen: Was ist der schlagendste Beweis für Zivilisation und Kultur, wenn nicht ein Volk, das die Waffen erhebt, um seine Lebensrechte zu verteidigen, sein Recht auf Fortschritt, Arbeit und Glück?

Wir, die in der CONCP zusammengeschlossenen nationalen Befreiungsbewegungen, sollten uns der Tatsache bewußt sein, daß unser bewaffneter Kampf nur ein Aspekt des allgemeinen Kampfes der unterdrückten Völker gegen den Imperialismus, des menschlichen Kampfes für Würde, Fortschritt und Freiheit ist. Wir sollten uns selbst als Soldaten – oft anonyme – betrachten, Soldaten der Menschheit in der breiten Kampfesfront Afrikas.

Genauso müssen wir unsere Position gegenüber unserem Volk sehr genau festlegen, sowohl im Hinblick auf Afrika wie auf die ganze Welt. Wir von der CONCP sind unseren Völkern die vollständige Befreiung schuldig, aber wir kämpfen nicht einfach, um über unserem Land eine Flagge zu hissen und eine Nationalhymne zu haben. Wir von der CONCP kämpfen dafür, daß nicht länger fremde Herren Länder beherrschen. Jahrhundertelang sind wir von den Imperialisten gemartert und ausgebeutet worden – nicht nur von Europäern, von Menschen mit weißer Hautfarbe; wir verwechseln Ausbeutung und Ausbeuter nicht mit der Hautfarbe –, jetzt kämpfen wir dafür, daß unser Volk nie mehr von Imperialisten ausgebeutet wird. Wir wollen in unserem Land keine Ausbeutung mehr, auch nicht durch schwarze Menschen.

In Afrika sind wir alle für die vollständige Befreiung des afrikanischen Kontinents vom kolonialen Joch, denn wir wissen, daß der Kolonialismus ein Instrument des Imperialismus ist. So wollen wir alle Zeichen des Imperialismus vollständig aus Afrika verschwinden sehen. In der CONCP stellen wir uns schärfstens gegen den Neokolonialismus, was auch immer seine Form sein möge. Unser Kampf richtet sich nicht nur gegen den portugiesischen Kolonialismus; mit unserem Kampf möchten wir den wirksamsten Beitrag zur vollständigen Eliminierung der Fremdherrschaft auf unserem Kontinent leisten.

In Afrika sind wir für die afrikanische Einheit, aber wir sind für die afrikanische Einheit im Dienst der afrikanischen Völker. Wir betrachten Einheit als Mittel, nicht als Zweck. Einheit kann die Suche nach Zielen wiederbeleben und beschleunigen, aber wir dürfen das Ziel nicht verraten. Deshalb sind wir nicht allzu sehr in Eile, die afrikanische Einheit herzustellen. Wir wissen, daß sie Schritt für Schritt kommen wird als Resultat fruchtbarer Anstrengungen aller afrikanischer Völker. Sie wird zum Wohl Afrikas und der Menschheit kommen. In der CONCP sind wir fest überzeugt, daß wir mit den Reichtümern unseres Kontinents, mit seinen menschlichen, moralischen und kulturellen Möglichkeiten fähig sein werden, eine Art reiche Menschen zu schaffen, die einen beachtlichen Beitrag für die Menschheit leisten werden. Aber wir wollen nicht den Traum dieses Ziels träumen, um in seiner Erfüllung die Interessen eines einzelnen afrikanischen Volkes zu verraten. Wir, beispielsweise, von Guinea und den Kapverden, erklären offen in unserem Parteiprogramm, daß wir willens sind, uns mit anderen afrikanischen Völkern zusammenzuschließen, allerdings unter einer Bedingung: daß die Gewinne, die unser Volk durch den Befreiungskampf erlangt, die sozialen und wirtschaftlichen Fortschritte und die Gerechtigkeit, die wir begehren und langsam aufbauen, nicht durch die Vereinigung mit anderen Völkern aufgegeben werden. Das ist unsere einzige Bedingung für die Einheit.

Wir in Afrika sind für eine Politik, die als erstes und vor allem die Interessen der afrikanischen Völker und jedes Landes zu verwirklichen sucht und verteidigt, jedoch nie die Interessen der Welt und der Menschheit vergißt. Wir in Afrika sind für eine Friedenspolitik und für eine Zusammenarbeit im brüderlichen Sinne mit allen Völkern der Welt.

Im internationalen Rahmen praktizieren wir von der CONCP eine Politik der Blockfreiheit. Blockfreiheit bedeutet für uns jedoch nicht, grundlegenden Problemen der Menschheit und der Gerechtigkeit den Rücken zu kehren. Blockfreiheit bedeutet für uns das Nicht-Binden an einen Block, uns nicht an die Entschlüsse anderer zu binden. Wir behalten uns das Recht vor, unsere Entschlüsse selbst zu treffen, und treffen unsere Entschlüsse zufälligerweise mit denen anderer zusammen, so ist dies nicht unser Fehler.

Wir sind für die Blockfreiheit, wir betrachten uns jedoch als zutiefst unserem Volk und jeder gerechten Sache in der Welt verpflichtet. Wir betrachten uns als Teil einer breiten Front des Kampfes für das Wohl der Menschheit. Sie verstehen, daß wir vor allem und am meisten für unser eigenes Volk kämpfen. Das ist unsere Aufgabe in dieser Kampfesfront. Das wirft das Problem der Solidarität auf. Wir von der CONCP sind solidarisch mit jeder gerechten Sache. Deshalb schlagen unsere Herzen für die Frelimo (Befreiungsfront von Moçambique), die MPLA (Volksbefreiungsbewegung von Angola), die PAIGC und die CLSTP (Komitee zur Befreiung von São Tomé e Principe), für alle in der CONCP zusammengeschlossenen Massenorganisationen. Unsere Herzen sind auch bei unseren Brüdern in Vietnam, die uns ein leuchtendes Vorbild geben, indem sie gegen die schändlichste und ungerechtfertigste Aggression des US-Imperialismus gegen das friedliche Volk Vietnams kämpfen. Und bei unseren Brüdern im Kongo, die in diesem reichen afrikanischen Land ihre Probleme trotz der Manöver der Imperialisten und deren Marionetten zu lösen versuchen. Deshalb erklären wir von der CONCP laut und deutlich, daß wir gegen Tschombé sind, gegen alle Tschombés in Afrika. Unsere Herzen sind auch bei unseren Brüdern in Kuba, die gezeigt haben, daß ein Volk – selbst wenn es vollständig vom Meer umgeben ist – fähig ist, die Waffen zu erheben und seine fundamentalen Interessen zu verteidigen und über sein eigenes Schicksal zu bestimmen. Wir sind mit den Schwarzen von Nordamerika; wir sind mit ihnen in den Straßen von Los Angeles, und wenn sie aller Lebensmöglichkeiten beraubt sind, so leiden wir mit ihnen.

Wir sind mit den Flüchtlingen, den gemarterten Flüchtlingen von Palästina, die betrogen und durch die Manöver der Imperialisten aus ihrer Heimat vertrieben wurden. Wir sind auf der Seite der palästinensischen Flüchtlinge, und wir unterstützen mit ganzem Herzen alles, was die Söhne Palästinas zur Befreiung ihres Landes tun. Wir unterstützen generell die arabischen und afrikanischen Staaten in ihrer Hilfe, die sie dem palästinensichen Volk zur Wiedererlangung seiner Würde, seiner Unabhängigkeit und seines Lebensrechts geben. Wir sind auch mit den Völkern in Südarabien, dem sogenannten ›Französischen Somaliland‹ und dem Volk von ›Spanisch-Guinea‹ (heute unabhängig; Aequatorial-Guínea, d. Hrsg.). Voll ernster Anteilnahme sind wir mit unseren schwarzen Brüdern in Südafrika, die unter einer barbarischen Rassendiskriminierung leiden. Wir sind sicher, daß die Entwicklung des Kampfes in den portugiesischen Kolonien und die Siege, die wir Tag für Tag über die portugiesischen Kolonialisten erringen, ein echter Beitrag zur Beseitigung der gemeinen und schändlichen Herrschaft der Rassendiskriminierung, der Apartheid, in Südafrika ist.

Ebenso sind wir sicher, daß die Völker Angolas, Moçambiques und Guineas und der Kapverden, die von Südafrika so weit entfernt liegen, bald, sehr bald, eine wichtige Rolle in der Beseitigung dieser letzten Bastion des Imperialismus und Rassismus in Afrika, der Südafrikanischen Union, spielen werden.

Wir unterstützen jede gerechte Sache in der Welt, aber wir werden auch immer mehr von anderen unterstützt. Wir erhalten direkte Hilfe von vielen Völkern, vielen Freunden, vielen Brüdern. Wir nehmen jede Art der Hilfe an, von wo sie auch kommt; aber wir bitten niemals jemanden um das, was wir benötigen. Wir warten vielmehr auf die Hilfe, die jede Person und jedes Volk unserem Kampf geben kann. Das ist unsere Ethik der Hilfe.

Es ist unsere Pflicht, hier laut und deutlich zu sagen, daß wir feste Alliierte in den sozialistischen Ländern haben. Wir wissen, daß die afrikanischen Völker unsere Brüder sind. Unser Kampf ist ihr Kampf. Jeder Tropfen Blut, der in unserem Land vergossen wird, fällt auch von Herz und Körper unserer Brüder, der afrikanischen Völker. Aber wir wissen auch, daß sich das Gesicht der Welt seit der sozialistischen Revolution schwerwiegend verändert hat. Ein sozialistisches Lager ist entstanden. Das hat das Kräftegleichgewicht radikal verändert. Dieses sozialistische Lager zeigt sich heute seiner Verantwortung voll bewußt, international und geschichtlich, jedoch nicht moralisch, denn diese Länder haben die kolonialisierten Völker nie ausgebeutet. Sie zeigen sich von selbst ihrer Pflicht bewußt, und deshalb habe ich die Ehre, Ihnen hier offen zu sagen, daß wir effektive, materielle Hilfe aus diesen Ländern erhalten, die die Hilfe, die wir von unseren afrikanischen Brüdern erhalten, verstärkt. Falls es hier Leute gibt, die das nicht hören möchten, so sollen sie selbst uns im Kampf helfen kommen. Aber jedermann kann sicher sein, daß wir auf unsere eigene Souveränität stolz sind.

Und was tun jene Völker, die nicht gerne hören, daß sozialistische Länder uns helfen? Sie helfen Portugal, der faschistischen Kolonialregierung Salazars. Jedermann weiß heute, daß die portugiesische Kolonialregierung, könnte sie nicht auf die Hilfe ihrer NATO-Partner zählen, nicht in der Lage wäre, gegen uns zu kämpfen. Aber wir müssen klar sagen, was NATO bedeutet. Ja, wir wissen: die NATO ist ein militärischer Block, der die Interessen des Westens vertritt, die westliche Zivilisation etc. Das wollen wir jedoch nicht diskutieren. NATO bedeutet konkrete Länder, konkrete Regierungen und konkrete Staaten. NATO heißt USA. Wir haben in unserem Land viele US-Waffen erbeutet. NATO heißt Bundesrepublik Deutschland. Wir haben portugiesischen Soldaten viele Mauser-Gewehre abgenommen. NATO heißt in letzter Zeit auch Frankreich. In unserem Land gibt es Alouette-Helikopter. NATO heißt auch – in gewissem Maß – die Regierung eines Landes, dessen heroische Bevölkerung uns sehr viele Beispiele von Liebe und Freiheit gegeben hat, nämlich Italien. Ja, wir haben von den Portugiesen Maschinengewehre und Granaten erbeutet, die in Italien hergestellt wurden.

Portugal hat jedoch noch andere Alliierte: Südafrika, Herrn Smith aus Südrhodesien (heute Rhodesien, d. Hrsg.), die Franco-Regierung und andere obskure Alliierte, die ihre Gesichter vor Schande verbergen. Aber alle diese Hilfe, die die Salazar-Regierung erhält, um unser Volk zu töten und die Dörfer in Angola, Moçambique, Guinea, den Kapverden und São Tomé zu verbrennen, reicht nicht aus, um unseren nationalen Befreiungskampf zum Stillstand zu bringen. Im Gegenteil, unsere Kräfte werden von Tag zu Tag stärker. Und warum? Weil unsere Kraft die Kraft der Gerechtigkeit, des Fortschritts und der Geschichte ist; und Gerechtigkeit, Fortschritt und Geschichte gehören dem Volk! Die grundlegende Kraft ist die Kraft unseres Volkes. Unsere Völker bringen jeden Tag Opfer, um alles Notwendige für unseren Kampf bereitzustellen. Es ist unser Volk, das die Zukunft und die Gewißheit unseres Sieges garantiert.

In der Perspektive unseres Kampfes ist die Haltung dieser Konferenz klar. Wir müssen unsere Einheit verstärken, nicht nur im Land selbst, sondern unter allen Völkern der portugiesischen Kolonien. Die CONCP hat eine besondere Bedeutung für uns. Wir haben dieselbe koloniale Vergangenheit, wir alle lernten Portugiesisch zu sprechen, aber wir haben eine noch viel größere, ja sogar historische Kraft: die Tatsache, daß wir den Kampf zusammen begannen. Der Kampf schafft Genossen, der Kampf schafft Kampfgefährten, für die Gegenwart und für die Zukunft. Die CONCP ist damit für uns eine grundlegende Kraft im Kampf. Die CONCP lebt im Herzen jedes Kämpfers, in unserem Land, in Angola und in Moçambique. Die CONCP muß für die Völker Afrikas ein Beispiel sein, auf das wir stolz sein dürfen. Denn in diesem überwältigenden Kampf gegen den Imperialismus und den Kolonialismus sind wir die ersten Kolonien, die sich zusammengeschlossen haben, um gemeinsam zu diskutieren, gemeinsam zu planen und gemeinsam die Probleme, die die Entwicklung unseres Kampfes betreffen, zu studieren. Das ist sicherlich ein sehr interessanter Beitrag zur Geschichte Afrikas und der Geschichte unserer Völker.

Afrika hilft uns, ja. Es gibt einige afrikanische Länder, die helfen uns, so viel sie können, direkt, bilateral. Aber unserer Ansicht nach hilft Afrika uns nicht genug. Afrika könnte uns viel mehr helfen, wenn es den Wert und die Wichtigkeit unseres Kampfes gegen den portugiesischen Kolonialismus begreifen würde. So hoffen wir, daß die nächste Gipfelkonferenz der afrikanischen Staatsoberhäupter, aufgrund der Erfahrungen der beiden letzten Jahre seit Addis Abeba, konkrete Schritte unternehmen wird, um die afrikanische Hilfe für die Kämpfer in Guinea, den Kapverden, São Tomé, Angola und Moçambique zu verstärken. Gleichzeitig hoffen wir, daß unsere Freunde in den sozialistischen Ländern die Ausweitung unseres Kampfes bemerken und uns vermehrt unterstützen werden; wir sind sicher, daß die sozialistischen Staaten und die progressiven Kräfte im Westen ihre Hilfe intensivieren und die politische, moralische und materielle Unterstützung für unseren Kampf – der auch ihr Kampf ist – erweitern werden.

Um zum Ende zu kommen, möchte ich einfach dies sagen: In unserem Land, in Guinea und den Kapverden ziehen sich die Kolonialtruppen jeden Tag weiter zurück. Wenn wir heute die Kolonialtruppen bekämpfen wollen, so müssen wir zu ihnen gehen; wir müssen sie in ihren Lagern bekämpfen. Wir müssen dorthin gehen, denn wir müssen den portugiesischen Kolonialismus aus unserem Land vertreiben. Liebe Freunde, wir sind sicher, daß dies bald auch in Angola und Moçambique der Fall sein wird – in einigen Regionen ist es schon so, z. B. in Cabinda. Die portugiesischen Kolonialisten beginnen, sich vor uns zu fürchten. Sie fühlen nun, daß sie verloren sind. Ich versichere Ihnen, daß die Angst der portugiesischen Kolonialisten noch viel größer wäre, wenn sie heute hier wären – es ist jammerschade, daß sie es nicht sind – und uns sehen könnten, wenn sie all die Delegationen reden hören und den brüderlichen Empfang sehen könnten, den die Regierung von Tanzania uns bereitet hat. Genossen und Brüder, laßt uns vorwärtsschreiten, die Waffe in der Hand, überall dort, wo ein portugiesischer Kolonialist sich befindet. Laßt uns vorwärtsschreiten und ihn vernichten und unsere Länder rasch von dem sich zurückziehenden portugiesischen Kolonialismus befreien. Aber laßt uns vorbereitet und wachsam sein, jeden Tag, daß sich nicht eine neue Art des Kolonialismus in unseren Ländern entwickeln kann; wir dürfen auch nicht zulassen, daß sich in unseren Ländern ein Imperialismus oder ein Neokolonialismus festsetzt, wie er sich bereits krebsartig in bestimmten Teilen Afrikas und der Welt ausbreitet.

Grundlagen und Ziele der nationalen Befreiung in bezug auf die Sozialstruktur*

Wenn einige bei ihrer Ankunft in Kuba noch Zweifel an der Verwurzelung, der Kraft, der Reife und der Vitalität der kubanischen Revolution hatten, so ist dieser Zweifel sicher ausgelöscht durch das, was wir hier haben sehen können. Eine unerschütterliche Gewißheit bestärkt und ermutigt uns in unserem schweren, aber ruhmvollen Kampf gegen den gemeinsamen Feind: keine Macht der Welt kann diese kubanische Revolution zunichte machen, die dabei ist, nicht nur in den Städten und auf dem Land ein neues Leben zu errichten, sondern – und dies ist viel wichtiger – einen neuen Menschen zu schaffen, der im vollen Bewußtsein seiner nationalen, kontinentalen und internationalen Rechte und Pflichten lebt...

Die Avantgarde der kubanischen Revolution erkannte schnell die unerläßliche Notwendigkeit der Existenz einer starken und geeinten Partei. Die Avantgarde der kubanischen Revolution hat nicht nur die objektiven Bedingungen und Auswirkungen des Kampfes analysiert, sondern sie hat auch die stärkste Waffe zur Verteidigung, Sicherung und Kontinuität der Revolution, das revolutionäre Bewußtsein der Volksmassen, zu bilden gewußt. Wir wissen, daß es bis heute noch nirgendwo auf der Welt spontan entstanden ist. Die Avantgarde erkannte schnell, daß dafür die vorwärtsstrebende Existenz einer starken Partei eine unerläßliche Voraussetzung ist. So war es ihr möglich, das kubanische Volk zu mobilisieren, zu organisieren und politisch zu bilden; so ermöglichte sie ihm ein tiefes Verständnis der nationalen und internationalen Probleme, die seine Existenz betrafen; sie ermöglichte ihm, an der Lösung der Probleme mitzuarbeiten. Wir glauben, daß dies für die nationalen Befreiungsbewegungen eine zusätzliche Lehre ist, vor allem für diejenigen, die erreichen wollen, daß ihre nationale Revolution eine wirkliche Revolution wird...

Wir werden diese Tribüne nicht dazu benützen, den Imperialismus anzuklagen. Ein afrikanisches Sprichwort sagt: »Wenn deine Hütte brennt, so hat es keinen Zweck, die Trommel zu schlagen«.

Für unsere drei Kontinente heißt dies, daß wir den Imperialismus nicht besiegen werden, wenn wir über ihn klagen und fluchen. Der schlimmste oder beste Fluch, den wir über den

* Rede, gehalten anläßlich der 1. Solidaritätskonferenz der Völker Afrikas, Asiens und Lateinamerikas (Tricontinentale) in Havanna, 3.-12. 1. 1966.

Imperialismus – wie immer er auch auftritt – aussprechen können, besteht für uns darin, die Waffen zu ergreifen und zu kämpfen. Das tun wir bereits, und wir werden es bis zur totalen Vernichtung der Fremdherrschaft über unsere afrikanischen Länder tun.

Wir sind mit der Absicht hierher gekommen, diese Konferenz durch soviele Einzelheiten wie möglich über die wirkliche Lage des nationalen Befreiungskampfes in jedem unserer Länder zu informieren, besonders über jene, die bereits im bewaffneten Kampf stehen . . .

Unser Tagungsprogramm umfaßt Themen, deren Wichtigkeit und Bedeutung unbestritten sind und durch die sich eine Grundidee zieht: der Kampf. Wir bemerken jedoch, daß in diesem Arbeitsprogramm eine Möglichkeit des Kampfes nicht erwähnt ist, obwohl wir sicher sind, daß sie denen, die es erarbeitet haben, bewußt war. Wir beziehen uns hier auf den Kampf gegen unsere eigenen Schwächen. Andere Fälle unterscheiden sich von dem unsrigen, aber die Erfahrung lehrt uns, daß im allgemeinen Rahmen des täglichen Kampfes, wie auch immer die vom Feind geschaffenen Schwierigkeiten sein mögen, dieser Kampf gegen uns selbst der schwierigste ist, sowohl in der Gegenwart wie auch in der Zukunft unserer Völker. Dieser Kampf ist der Ausdruck der inneren Widersprüche der wirtschaftlichen, sozialen und kulturellen (und aus diesem Grunde geschichtlichen) Wirklichkeit in jedem unserer Länder. Wir sind überzeugt, daß jede nationale und soziale Revolution, die nicht die Kenntnis der Realität zur Grundlage hat, in Gefahr ist, zu scheitern oder zum Mißerfolg zu werden.

Die Bedeutung der Theorie

Wenn das afrikanische Volk in seiner einfachen Sprache feststellt, »wie heiß das Wasser in der Quelle auch sein mag, es wird deinen Reis nicht kochen«, so spricht es mit einer einmaligen Einfachheit ein grundlegendes Prinzip nicht nur der Physik, sondern auch der politischen Wissenschaften aus. Wir wissen in der Tat, daß die Entwicklung eines Phänomens, was auch immer seine inneren Bedingungen sein mögen, im wesentlichen von seinem inneren Charakter abhängt. Wir wissen auch, daß im politischen Bereich – selbst wenn die Realität der andern noch so schön und anziehend ist – unsere eigene Wirklichkeit nur durch ihr konkretes Studium, durch unsere Anstrengungen und unsere Opfer wirklich verändert werden kann. Es ist gut, sich in diesem internationalen Rahmen, wo Erfahrungen und Beispiele überwiegen, daran zu erinnern, daß – so groß die

Ähnlichkeit der vorhandenen Fälle und der äußeren Feinde sein mag – die nationale Befreiung und die soziale Revolution keine Exportwaren sind. Sie sind – und dies jeden Tag mehr – das Ergebnis lokaler, nationaler Arbeit, mehr oder weniger stark von äußeren, günstigen und ungünstigen Faktoren beeinflußt, aber im wesentlichen beeinflußt und bedingt durch die historische Realität jedes Volkes und gesichert durch den Sieg oder die richtige Lösung der inneren Widersprüche zwischen den verschiedenen Gruppen, die diese Realität kennzeichnen. Die Entwicklung der kubanischen Revolution, die sich nur wenige hundert Kilometer von der größten imperialistischen und antisozialistischen Macht abspielt, scheint uns in ihrem Inhalt und ihrem Verlauf eine praktische und schlüssige Illustration der Gültigkeit des bereits erwähnten Prinzips zu sein.

Wir müssen jedoch erkennen, daß wir selbst und die anderen Befreiungsbewegungen im allgemeinen – wir beziehen uns vor allem auf die afrikanische Erfahrung – es nicht verstanden haben, diesem wichtigen Problem unseres gemeinsamen Kampfes alle notwendige Aufmerksamkeit zukommen zu lassen.

Dieser Mangel an Theorie, um nicht zu sagen das vollständige Fehlen revolutionärer Theorie bei den nationalen Befreiungsbewegungen – was sich schon in der Unkenntnis der historischen Realität erweist, die diese Bewegungen doch verändern wollen – stellt eine der größten, wenn nicht die größte Schwäche unseres Kampfes gegen den Imperialismus dar. Wir glauben dennoch, daß wir schon eine ausreichende Zahl von unterschiedlichen Erfahrungen gesammelt haben, um eine allgemeine Linie für unser Denken und Handeln bestimmen zu können. Eine breite Diskussion über dieses Thema könnte nützlich sein, weil sie dieser Konferenz erlauben würde, einen wertvollen Beitrag zur Stärkung der gegenwärtigen und künftigen Aktionen der nationalen Befreiungsfronten zu leisten. Das wäre eine konkrete Art der Hilfe für diese Bewegungen und unserer Meinung nach nicht weniger wichtig als die politische, finanzielle oder Waffenhilfe.

In diesem Sinn wollen wir einen wichtigen Beitrag zu dieser Diskussion leisten, wenn wir unsere Ansichten über die Grundlagen und Ziele der nationalen Befreiung in bezug auf die Sozialstruktur darlegen. Diese Ansichten resultieren aus unseren Erfahrungen im Kampf und aus der kritischen Würdigung der Erfahrungen anderer. Denjenigen, die in ihr einen ›theoretischen Zug‹ bemerken, möchten wir sagen, daß jede Praxis eine Theorie hervorbringt. Und wenn es auch wahr ist, daß eine Revolution selbst dann versagen kann, wenn sie mit vollständig durchdachten Theorien versehen wird, so hat doch noch niemand eine Revolution ohne Theorie durchgeführt.

Jene, die – wie wir meinen mit Recht – davon ausgehen, daß die treibende Kraft in der Geschichte der Klassenkampf ist, wären sicher bereit, diese Ansicht zu ändern, um sie zu präzisieren und ihr einen breiteren Anwendungsbereich zu geben, wenn sie die wichtigen Merkmale gewisser kolonialisierter, das heißt vom Imperialismus beherrschter Völker besser kennen würden. In der Tat erscheinen die Klassen in der Gesamtentwicklung der Menschheit und jedes einzelnen Volkes weder als verallgemeinertes und gleichzeitiges Phänomen in der Gesamtheit dieser Gruppen noch als ein abgeschlossenes, vollkommenes, uniformes und spontanes Ganzes.

Die Definition von Klassen innerhalb einer oder mehrerer Gruppen von Menschen ist eine grundlegende Folge der fortschreitenden Entwicklung der Produktivkräfte und der Art der Reichtumsverteilung, Reichtümer, die von dieser Gruppe selbst hergestellt oder anderen Gruppen entwendet wurden. Das heißt, daß das sozioökonomische Problem der ›Klassen‹ als Funktion von wenigstens zwei wesentlichen und voneinander abhängigen Variablen entsteht und sich entwickelt: dem Entwicklungsniveau der Produktivkräfte und der Eigentumsverhältnisse an Produktionsmitteln. Diese Entwicklung vollzieht sich langsam, schrittweise und ungleichmäßig durch quantitative und im allgemeinen kaum erkennbare Veränderungen der grundlegenden Komponenten, als Prozeß, der bei einem bestimmten Akkumulationsgrad zu einer bestimmten Entwicklung führt, die sich in dem Erscheinen von Klassen und dem Konflikt zwischen Klassen ausdrückt.

Die einem sozioökonomischen Ganzen äußerlichen Faktoren können dennoch den Entwicklungsprozeß der Klassen mehr oder weniger beeinflussen, ihn beschleunigen, bremsen, ja sogar eine Regression hervorrufen. Hört der Einfluß dieser Faktoren aus irgendeinem Grunde auf, dann wird der Prozeß wieder unabhängig, und sein Ablauf wird dann nicht nur durch die besonderen inneren Gegebenheiten des Ganzen, sondern auch durch die Nachwirkungen der ihn vorher zeitweilig beeinflussenden äußeren Faktoren mitbestimmt. Im streng inneren Bereich kann der Ablauf dieses Prozesses verschieden sein, doch bleibt er stetig und vorwärtsschreitend. Plötzliche Fortschritte sind nur möglich als Auswirkungen gewaltsamer Veränderungen im Bereich der Produktivkräfte oder der Eigentumsverhältnisse.

Solche Umwandlungen, die gewaltsam innerhalb des Entwicklungsprozesses der Klassen als Ergebnis von Veränderungen im Bereich der Produktivkräfte oder der Eigentumsverhältnisse bewirkt werden können, nennt man in der Sprache der Ökonomie und der Politik Revolutionen...

Andererseits stellt man fest, daß die Möglichkeiten dieses Prozesses durch eine abschätzbare Zahl äußerer Faktoren bestimmt sind, insbesondere durch das Zusammenwirken der menschlichen Wesen, verstärkt durch die globalen Fortschritte der Menschheit im Bereich des Transport- und Kommunikationswesens, die die Isolation zwischen den menschlichen Gruppen der gleichen Region, zwischen den Regionen eines Kontinents und zwischen den Kontinenten aufheben. Dieser charakteristische Fortschritt während einer langen geschichtlichen Phase ist schon auffallend in der Zeit der punischen Kriege und der griechischen Kolonisation, und er hat sich mit der Erforschung der Meere sowie mit der Erfindung der Dampfmaschine und der Elektrizität fortgesetzt. Und in unserer Zeit ist es durch die fortschreitende Zähmung der Atomenergie möglich zu versprechen, daß der Mensch, wenn er auch nicht auf den Sternen landet, so doch wenigstens das Weltall bevölkert.

Was eben gesagt wurde, erlaubt die folgende Frage: beginnt die Geschichte erst mit jenem Zeitpunkt, wo sich das Phänomen ›Klasse‹ und folglich auch der Klassenkampf entwickelt? Dies zu bejahen hieße, die ganze Periode menschlichen Zusammenlebens seit der Entdeckung des Jagens und später des nomaden- und seßhaften Ackerbaus bis zur Bildung von Viehherden und der privaten Aneignung des Bodens außerhalb der Geschichte zu stellen. Das würde auch bedeuten – und wir weigern uns, dies zu akzeptieren –, daß verschiedene Gesellschaftsgruppen in Afrika, Asien und Lateinamerika bis zu dem Augenblick, wo sie dem Joch des Imperialismus unterworfen wurden, ohne Geschichte oder aber jenseits der Geschichte lebten. Es würde weiterhin bedeuten, daß Bevölkerungsgruppen unserer Länder, wie beispielsweise die Balante in Guinea, die Kuaniamas in Angola und die Macondés in Moçambique noch heute außerhalb der Geschichte leben und keine Geschichte haben, wenn wir von den leichten Einflüssen des Kolonialismus absehen, denen sie unterworfen waren.

Diese Weigerung, die auf der konkreten Kenntnis der sozioökonomischen Realität unserer Länder und auf der Analyse des Entwicklungsprozesses des Phänomens ›Klasse‹ beruht, führt uns dazu zu behaupten, daß, wenn der Klassenkampf die treibende Kraft der Geschichte ist, er dies nur in einer bestimmten Periode der Geschichte ist. Das heißt, daß vor dem Klassenkampf – und notwendigerweise auch nach dem Klassenkampf, denn es gibt auf dieser Welt kein ›vor‹ ohne ein ›danach‹ – ein oder mehrere Faktoren die Antriebskraft der Geschichte waren und auch sein werden. Ohne Mühe sehen wir ein, daß dieser

Faktor der Geschichte jeder Gesellschaftsgruppe die Produktionsweise, d. h. die Entwicklungsstufe der Produktivkräfte und der Eigentumsverhältnisse ist, die diese Gruppierung charakterisiert. Wie man gesehen hat, sind noch mehr die Herausbildung von Klassen und der Klassenkampf selbst Folgen der Entwicklung der Produktivkräfte, verbunden mit den Eigentumsverhältnissen an den Produktionsmitteln. Wir glauben, daß es richtig ist, daraus zu schließen, daß das Niveau der Produktivkräfte als bestimmendes Hauptelement von Inhalt und Form des Klassenkampfs die wirkliche und immer treibende Kraft der Geschichte ist.

Nehmen wir diese Schlußfolgerung an, dann werden die uns bewegenden Zweifel hinfällig. Denn wenn wir einerseits feststellen, daß die Existenz der Geschichte vor dem Klassenkampf garantiert ist und wir dadurch einigen Gesellschaftsgruppen in unseren Ländern und vielleicht auf unseren Kontinenten den tristen Zustand von Völkern ohne Geschichte ersparen, so betonen wir andererseits die Kontinuität der Geschichte auch über die Klassen und Klassenkämpfe hinaus. Und da nicht wir es sind, die – auf wissenschaftlicher Basis – das Verschwinden der Klassen als historisches Schicksal verkündet haben, sind wir mit diesem Schluß zufrieden, der in gewissem Maße einen Zusammenhang wiederherstellt und zur gleichen Zeit den Völkern, die im Begriff sind, den Sozialismus aufzubauen, wie z. B. dem kubanischen, die angenehme Versicherung gibt, nicht ihre Geschichte zu verlieren, wenn sie den Beseitigungsprozeß des Phänomens ›Klasse‹ und des Klassenkampfs im sozio-ökonomischen Ganzen beendet haben werden. Die Welt ist nicht unvergänglich, aber der Mensch wird die Klassen überleben und weiter produzieren und Geschichte machen, denn er kann sich nicht von der Bürde seiner Bedürfnisse, seiner Hände und seines Gehirns befreien, die die Grundlage der Entwicklung und der Produktivkräfte sind.

Der Entwicklungsprozeß der Produktivkräfte

Was über die heutige Wirklichkeit gesagt wurde, erlaubt uns anzunehmen, daß die Geschichte einer menschlichen Gruppe oder der Menschheit sich in drei Phasen abspielt:

Die erste Phase entspricht einem niedrigen Niveau der Produktivkräfte – die Herrschaft des Menschen über die Natur –, die Produktionsweise hat einen elementaren Charakter, eine private Aneignung der Produktionsmittel existiert nicht, es gibt keine Klassen und demzufolge auch keinen Klassenkampf.

In der zweiten Phase führt die Entwicklung der Produktivkräfte zur privaten Aneignung der Produktionsmittel, erschwert die Produktionsweise, ruft Interessenkonflikte im Rahmen des sozio-ökonomischen Ganzen der Bewegung hervor, macht das Auftreten des Phänomens ›Klasse‹ und damit den Klassenkampf möglich, der der gesellschaftliche Ausdruck des Widerspruchs im ökonomischen Bereich zwischen der Entwicklungsstufe der Produktivkräfte und der privaten Aneignung der Produktionsmittel ist.

In der dritten Phase, die von einer bestimmten Entwicklungsstufe der Produktivkräfte an die Aufhebung der privaten Aneignung der Produktionsmittel, die Beseitigung des Klassenphänomens und dadurch des Klassenkampfs ermöglicht und verwirklicht, erscheinen neue, im geschichtlichen Prozeß des sozio-ökonomischen Ganzen, unbekannte Kräfte.

Die erste Phase würde in der politisch-ökonomischen Sprache der Ackerbau- und Viehzuchtgesellschaft mit Gütergemeinschaft entsprechen, die in der Sozialstruktur horizontal gegliedert ist, ohne Staat; die zweite Phase würde den feudalen Agrar- und den bürgerlichen agro-industriellen Gesellschaften mit Staat entsprechen, in denen sich die Sozialstruktur vertikal entwickelt; die dritte Phase entspräche den sozialistischen und kommunistischen Gesellschaften, in denen die Wirtschaft überwiegend, wenn nicht ausschließlich industriell ist (da sogar die Landwirtschaft eine Form der Industrie wird), in denen der Staat fortschreitend auf sein Verschwinden hinzielt oder verschwindet, wo die Sozialstruktur auf einem höheren Niveau der Produktivkräfte, der sozialen Beziehungen und der Anerkennung der menschlichen Werte wieder horizontal wird.

Auf der Ebene der Menschheit insgesamt oder eines Teils der Menschheit (menschliche Gruppen der gleichen Region oder des gleichen Kontinents oder mehrerer) können diese drei Phasen oder zumindest zwei von ihnen gleichzeitig bestehen, wie dies die Gegenwart und die Vergangenheit beweisen. Das resultiert aus der ungleichen Entwicklung menschlicher Gesellschaften, sei es aus inneren Gründen, sei es auf Grund des beschleunigenden oder verzögernden Einflusses eines oder mehrerer äußerer Faktoren. In jedem geschichtlichen Prozeß eines gegebenen sozio-ökonomischen Ganzen birgt andererseits jede der erwähnten Phasen von einem bestimmten Grad der Umwandlung an die Keime der nächstfolgenden Phase in sich.

Wir müssen auch feststellen, daß im gegenwärtigen Stadium der Menschheitsgeschichte und für ein gegebenes sozio-ökonomisches Ganzes der zeitliche Ablauf der drei charakteristischen Phasen nicht unabdingbar ist. Was auch immer der gegenwärtige Stand der Produktivkräfte und der Sozialstruktur einer Gesellschaft sein mag, sie kann sehr schnell die durch die jeweiligen örtlichen (historischen und menschlichen) Gegebenheiten bestimmten und ihnen entsprechenden Etappen überspringen, um eine höhere Existenzstufe zu erreichen. Dieser Fortschritt hängt von den konkreten Entwicklungsmöglichkeiten ihrer Produktivkräfte ab und ist selbst vor allem von der Art der politischen Macht, die diese Gesellschaft leitet, das heißt von der Art des Staates, oder, wenn man will, vom Charakter der Klasse oder der Klassen bestimmt, die in dieser Gesellschaft herrschen. Eine ausführlichere Analyse würde uns zeigen, daß die grundlegende Voraussetzung für einen solchen Sprung im historischen Prozeß, was den ökonomischen Bereich betrifft, die Stärke der Produktionsmittel ist, über die der Mensch im Augenblick verfügt, und, was den politischen Bereich betrifft, jenes neue Ereignis, das das Weltbild und den Lauf der Geschichte radikal geändert hat: die Gründung der sozialistischen Staaten.

Wir sehen also, daß unsere Völker immer ihre eigene Geschichte haben, in welchem Stadium ihrer ökonomischen Entwicklung sie auch sein mögen. Als sie unter die imperialistische Herrschaft kamen, wurde der historische Prozeß aller unserer Völker (oder der Gruppen, die jedes unter ihnen bildet) dem gewaltsamen Einfluß eines äußeren Faktors unterworfen. Dieser Zusammenstoß des Imperialismus mit unseren Gesellschaften beeinflußte notwendigerweise den Entwicklungsprozeß der Produktivkräfte unserer Länder und die Sozialstruktur unserer Völker, wie auch den Inhalt und die Form unseres nationalen Befreiungskampfes.

Aber wir sehen auch, daß für unsere Völker in dem historischen Kontext, in dem sich die Kämpfe entwickeln, die konkrete Möglichkeit besteht, aus dem Zustand der Ausbeutung und der Unterentwicklung in ein neues Stadium des historischen Prozesses überzugehen, das sie zu einer höheren Form ihres Daseins in ökonomischer, sozialer und kultureller Hinsicht führen kann.

Die Auswirkungen des Imperialismus

In dem vom internationalen Vorbereitungskomitee dieser Konferenz ausgearbeiteten politischen Bericht, auf den wir uns besonders stützen, wurde der Imperialismus in einer knappen Analyse klar in seinen ökonomischen Kontext und an seinen geschichtlichen Ort gestellt. Wir werden hier nun nicht mehr wiederholen, was in dieser Versammlung schon gesagt wurde. Wir wollen einfach feststellen, daß der Imperialismus als Ausdruck der weltweiten Suche nach Gewinn und Beschaffung von immer größerem Mehrwert durch das Monopol- und Finanzkapital charakterisiert werden kann; dieses Kapital ist in zwei

Regionen der Erde akkumuliert: zunächst in Europa und dann in Nordamerika. Und wenn wir den Imperialismus auf der allgemeinen Entwicklungslinie jenes durchgehenden Faktors, der das Gesicht der Welt verändert hat, fixieren wollen – nämlich des Kapitals und seines Akkumulationsprozesses –, werden wir sagen können, daß der Imperialismus die von, den Ozeanen auf das Land verpflanzte Piraterie ist, eine reorganisierte Piraterie, die dem Ziel der Ausbeutung der materiellen und menschlichen Grundlagen unserer Völker angepaßt ist. Wenn es uns jedoch gelingt, das imperialistische Phänomen mit Überlegenheit zu analysieren, geben wir niemandem Anlaß zu Ärger, wenn wir anerkennen, daß der Imperialismus – und alles weist darauf hin, daß er wirklich die letzte Phase der Entwicklung des Kapitalismus ist – eine historische Notwendigkeit, eine Folge des Aufschwungs der Produktivkräfte und der Entfaltung der Produktionsmittel im allgemeinen menschlichen Kontext gewesen ist und als ein in Bewegung geratenes Ganzes betrachtet werden kann, als eine Notwendigkeit, wie es heute die nationale Befreiung der Völker, die Zerstörung des Kapitalismus und der Aufbau des Sozialismus sind.

Für unsere Völker ist es wichtig zu wissen, ob der Imperialismus – als Kapital in Aktion – in unseren Ländern die historische Mission erfüllt hat oder nicht, die ihm vorbehalten war: die Beschleunigung des Entwicklungsprozesses der Produktivkräfte, die Entfaltung der Produktionsmittel zur charakteristischen Komplexität, die Vertiefung der Klassenunterschiede mit der Heranbildung der Bourgeoisie und die Intensivierung des Klassenkampfs, eine nennenswerte Erhöhung des Lebensstandards und des sozialen und kulturellen Niveaus der Bevölkerung. Für uns ist jedoch ebenso interessant, die Einflüsse und Auswirkungen der imperialistischen Aktionen auf die Sozialstruktur und den historischen Prozeß unserer Völker zu untersuchen.

Wir führen hier keinen Prozeß über den Imperialismus und jammern auch nicht über ihn, wir stellen jedoch fest, daß das imperialistische Kapital weder im ökonomischen noch im sozialen und kulturellen Bereich auch nur im geringsten die historische Mission erfüllt hat, die das Kapital in den klassischen Akkumulationsländern verwirklicht hat. Das bedeutet, daß einerseits das imperialistische Kapital in den meisten der von ihm beherrschten Länder die einfache Funktion hatte, den Mehrwert zu vervielfachen, daß andererseits die historischen Möglichkeiten des Kapitals (als unaufhaltsamer Beschleuniger des Entwicklungsprozesses der Produktivkräfte) ganz von bestimmten Freiheiten abhängig sind, das heißt, von dem Grad an Unabhängigkeit, mit dem man es gebraucht. Wir müssen jedoch anerkennen, daß in besonderen Fällen das imperialistische Kapital oder der zum Sterben verurteilte Kapitalismus genügend Interesse, Macht und Zeit gehabt hat, neben dem Bau von Städten das Niveau der Produktivkräfte zu heben und einer Minderheit der eingeborenen Bevölkerung einen höheren, ja sogar privilegierten Lebensstandard zu gestatten, und so zu einem Prozeß beigetragen hat, den einige dialektisch nennen würden, nämlich zur Vertiefung der Widersprüche in den betreffenden Gesellschaften. In anderen, noch selteneren Fällen, hat die Möglichkeit der Kapitalakkumulation bestanden, die die Bedingungen für die Entstehung einer lokalen Bourgeoisie geschaffen hat.

Was nun die Auswirkungen der imperialistischen Herrschaft auf die sozialen Strukturen und den geschichtlichen Prozeß unserer Völker betrifft, so ist es notwendig, die allgemeinen Formen der imperialistischen Herrschaft zu untersuchen. Es gibt deren mindestens zwei:

1. Direkte Herrschaft mittels politischer Macht, ausgeübt von fremden Agenten (Truppen, Polizei, Verwaltungsbeamte und Siedler), was man allgemein als klassischen Kolonialismus bezeichnet.

2. Indirekte Herrschaft mittels politischer Macht, größtenteils oder ganz von einheimischen Agenten ausgeübt, was man allgemein als Neokolonialismus bezeichnet.

Im ersten Fall kann die Sozialstruktur des beherrschten Volkes, ganz gleich auf welcher Entwicklungsstufe es sich befindet, folgende Konsequenzen erfahren:

a) Vollständige Zerstörung, im allgemeinen verbunden mit der sofortigen oder fortschreitenden Ausrottung der einheimischen Bevölkerung und deren Ersetzung durch eine fremde Bevölkerung.

b) Teilweise Zerstörung, im allgemeinen verbunden mit mehr oder weniger umfangreicher Ansiedlung einer fremden Bevölkerung.

c) Scheinbare Erhaltung, bedingt durch Beschränkung der Eingeborenengesellschaft auf Zonen oder Reservate, die arm an Lebensmöglichkeiten sind, begleitet von massiver Ansiedlung einer fremden Bevölkerung.

Die beiden letzteren Fälle sind die, die für uns im Rahmen der Problematik der nationalen Befreiung von Bedeutung und in Afrika weit verbreitet sind. Die Auswirkungen des Imperialismus auf die historische Entwicklung jedes beherrschten Volkes sind – so kann man wohl grundsätzlich sagen – Lähmung, Stillstand und in einigen Fällen sogar Rückschritt in der Entwicklung. Trotzdem ist diese Lähmung nicht vollständig. In dem einen oder anderen Sektor des in Frage stehenden sozio-ökonomischen Teils kann man spürbare Veränderungen erwarten, die durch den anhaltenden Einfluß einiger innerer, örtlicher Faktoren ausgelöst werden. Oder sie entstehen als Wirkung neuer, von der Kolonialherrschaft eingeführter Faktoren, beispielsweise des Geldkreislaufs und der Zusammenballung in den Städten. Unter diesen Veränderungen wären in bestimmten Fällen hervorzuheben: der fortschreitende Prestigeverlust der führenden einheimischen Klassen oder Schichten, der erzwungene oder freiwillige Zuzug eines Teils der bäuerlichen Bevölkerung in die Stadtzentren mit der daraus folgenden Entwicklung einiger neuer sozialer Schichten (Lohnarbeiter, Beamte, Handelsangestellte, freie Berufe und die labile Arbeitslosenschicht). Auf dem Land entsteht, mit unterschiedlicher Stärke und immer mit dem städtischen Milieu verbunden, eine Schicht kleiner Grundbesitzer.

Im Neokolonialismus orientiert sich der Imperialismus, unabhängig davon, ob die Mehrheit der kolonialisierten Bevölkerung einheimischer oder ausländischer Herkunft ist, an dem Ziel, eine örtliche Bourgeoisie zu schaffen, die von der herrschenden Klasse der Kolonialmacht abhängig ist. In den unteren Schichten sind die Veränderungen der Sozialstruktur nicht so ausgeprägt. Das gilt vor allem auf dem Land, wo die Verhältnisse der Kolonialzeit im allgemeinen erhalten bleiben. Aber das Aufkommen einer einheimischen Pseudo-Bourgeoisie, die sich aus einer bürokratischen Kleinbourgeoisie und den Kompradoren entwickelt, verschärft die Widersprüche zwischen den sozialen Schichten und eröffnet durch die verstärkte Aktivität örtlicher Wirtschaftskräfte neue Perspektiven sozialer Dynamik, besonders mit der fortschreitenden Entwicklung einer städtischen Arbeiterklasse, dem Entstehen landwirtschaftlichen Privateigentums und damit eines Landproletariats.

Diese mehr oder weniger spürbaren Veränderungen der Sozialstruktur, die durch eine bemerkenswerte Steigerung des Niveaus der Produktivkräfte bedingt sind, haben direkten Einfluß auf den historischen Prozeß des sozio-ökonomischen Ganzen. Während dieser Prozeß im klassischen Kolonialismus erstarrt ist, schafft die neokoloniale Herrschaft den Anschein, als ob der historische Prozeß wieder eine normale Entwicklung annähme, indem sie die soziale Dynamik, die Interessenkonflikte zwischen den einheimischen sozialen Schichtungen und den Klassenkampf sich entwickeln läßt. Diese Illusion verstärkt sich durch die Existenz einer politischen Macht nationalistischer Art, die von Einheimischen geschaffen wird. Das ist in der Tat nur eine Illusion, denn in Wirklichkeit begrenzt oder behindert die Abhängigkeit der örtlichen führenden Klasse von den führenden Klassen des beherrschenden Landes die Entwicklung der nationalen Produktivkräfte.

Unter den konkreten Verhältnissen der Weltwirtschaft ist diese Abhängigkeit verhängnisvoll, infolgedessen ist die örtliche Pseudo-Bourgeoisie, wie nationalistisch sie auch sein mag, nicht in der Lage, ihre historische Rolle wirksam zu erfüllen. Sie kann die Entwicklung der Produktivkräfte nicht frei bestimmen, kurz, sie kann keine nationale Bourgeoisie sein. Die Produktivkräfte sind jedoch, wie wir gesehen haben, die treibende Kraft der Geschichte, und die totale Freiheit ihres Entwicklungsprozesses ist eine unerläßliche Voraussetzung für ihre volle Entfaltung.

Folglich sieht man, daß das wichtigste Merkmal der imperialistischen Herrschaft sowohl im Kolonialismus als auch im Neokolonialismus das gleiche ist: Verneinung des historischen Prozesses des beherrschten Volkes durch widerrechtliche, gewalttätige Beschneidung des freien Entwicklungsprozesses der nationalen Produktivkräfte.

Dieser Schluß, der die beiden Erscheinungsformen imperialistischer Herrschaft im wesentlichen einander gleichsetzt, scheint uns für die Theorie und Praxis der Befreiungsbewegungen während des Kampfes wie nach Erlangung der Unabhängigkeit von erstrangiger Bedeutung zu sein.

Die nationale Befreiung

Wir gehen vom bisher Gesagten aus und können feststellen, daß die nationale Befreiung die Negation der Negation des historischen Prozesses eines sozio-ökonomischen Ganzen ist. Mit anderen Worten: die Befreiung eines Volkes ist die Wiederherstellung seiner historischen Persönlichkeit, sie ist seine Rückkehr zur Geschichte mittels der Zerstörung der imperialistischen Herrschaft, der es unterworfen war.

Wir haben gesehen, daß die gewaltsame Unterdrückung der freien Entwicklung der Produktivkräfte des beherrschten sozio-ökonomischen Ganzen das Hauptkennzeichen der imperialistischen Herrschaft ist – in welcher Form sie auch auftritt. Wir haben ebenso gesehen, daß einzig und allein diese Freiheit die Normalisierung des historischen Prozesses garantieren kann. Daraus kann man schließen, daß die nationale Befreiung nur dann erfolgt, wenn die nationalen Produktivkräfte vollständig von jeder Art der Herrschaft befreit sind.

Gewöhnlich sagt man, daß die nationale Befreiung auf dem Selbstbestimmungsrecht aller Völker beruhe, frei ihr Schicksal zu bestimmen, und daß das Ziel dieser Befreiung die nationale Unabhängigkeit sei. Obwohl wir eine derartig vage und subjektive Art, eine komplexe Wirklichkeit auszudrücken, nicht ablehnen, ziehen wir es vor, objektiv zu sein, weil für uns die nationale Befreiung – wie immer dies auch in der Sprache des internationalen Rechts ausgedrückt wird – das unveräußerliche Recht jedes Volkes auf seine eigene Geschichte zur Grundlage hat. Das Ziel der nationalen Befreiung ist die Wiedererlangung dieses vom Imperialismus geraubten Rechts, nämlich die Befreiung des Entwicklungsprozesses der nationalen Produktivkräfte.

Deshalb kann nach unserer Meinung jede nationale Befreiungsbewegung, die diese Grundlage und dieses Ziel nicht beachtet, zwar gegen den Imperialismus kämpfen, sie wird so jedoch nicht für die nationale Befreiung kämpfen.

Wenn man den wesentlichen Merkmalen der Weltwirtschaft unserer Zeit sowie den im anti-imperialistischen Kampf gesammelten Erfahrungen Rechnung trägt, so ist der Kampf gegen den Neokolonialismus die wichtigste Voraussetzung für die nationale Befreiung. Wenn wir uns weiter vor Augen halten, daß die nationale Befreiung eine tiefe Veränderung im Entwicklungsprozeß der Produktivkräfte erfordert, sehen wir, daß sie notwendigerweise mit einer Revolution verbunden ist. Es ist wichtig, sich der objektiven und subjektiven Bedingungen bewußt zu sein, unter denen diese Revolution stattfindet, und die zu ihrer Verwirklichung angemessene Kampfform oder -formen zu finden.

Wir wollen hier nicht wiederholen, daß diese Bedingungen im gegenwärtigen Stadium der Menschheit äußerst günstig sind. Es genügt, daran zu erinnern, daß es für den Befreiungskampf jeder Nation auf internationaler und nationaler Ebene günstige Faktoren gibt.

Im internationalen Bereich erscheinen uns folgende Faktoren als äußerst ungünstig für die nationalen Befreiungsbewegungen: die neokoloniale Situation zahlreicher Staaten, die die politische Unabhängigkeit erlangt haben und die Zahl derer vermehren, die diese Entwicklungsstufe schon erreicht haben; die vor allem in Europa – wo der Imperialismus Zuflucht gefunden hat – durch den Neokolonialismus erreichten Fortschritte, die die Bildung eines privilegierten Proletariats und dadurch die Schwächung des revolutionären Bewußtseins der Arbeiterklasse bewirkt haben; der offene oder versteckte Neokolonialismus einiger europäischer Staaten, die, wie Portugal, immer noch Kolonien besitzen; die sogenannte Entwicklungshilfepolitik des Imperialismus, die dieser mit dem Ziel durchführt, einheimische Pseudobourgeoisien zu errichten oder zu stärken, die notwendigerweise von der internationalen Bourgeoisie abhängen und so der Revolution den Weg versperren; die Platzangst und die ›revolutionäre‹ Zurückhaltung, die einige unabhängige Staaten mit günstigen wirtschaftlichen und innenpolitischen Bedingungen für eine Revolution neuerdings dazu führen, mit dem Feind und dessen Agenten Kompromisse einzugehen; die wachsenden Widersprüche zwischen den anti-imperialistischen Staaten und schließlich die Bedrohung des Weltfriedens durch den Imperialismus durch die Möglichkeit eines Atomkrieges. Diese Faktoren tragen dazu bei, den Imperialismus in seinem Kampf gegen die nationalen Befreiungsbewegungen zu stärken.

Wenn auch das wiederholte Eingreifen und die zunehmende Aggressivität des Imperialismus gegenüber unseren Völkern als Zeichen seiner Entmutigung angesichts der Stärke der nationalen Befreiungsbewegungen verstanden werden kann, so erklärt sich dieses Verhalten doch in gewissem Maße auch aus der Schwächung, die in der Front des antiimperialistischen Kampfes durch die genannten Faktoren entstanden ist.

Auf dem innenpolitischen Sektor – so glauben wir – resultieren die ungünstigen Faktoren oder die Schwäche aus der sozio-ökonomischen Struktur und ihren Entwicklungstendenzen unter dem imperialistischen Druck, oder besser gesagt, aus der geringen oder mangelnden Aufmerksamkeit, die ihnen die nationalen Befreiungsbewegungen bei der Erarbeitung ihrer Kampfstrategie widmen.

Dieser Gesichtspunkt möchte jedoch auf keinen Fall die Bedeutung weiterer, der Befreiungsbewegung ungünstiger innenpolitischer Faktoren leugnen, wie beispielsweise die ökonomische Unterentwicklung und ihre Folgen, die soziale Rückständigkeit der Volksmassen, das Stammeswesen und andere, weniger wichtige Widersprüche.

Es muß jedoch betont werden, daß das Stammeswesen sich weder als wichtiger Widerspruch erweist noch als Ursache opportunistischen Verhaltens, wie es bei detribalisierten Individuen oder Gruppen gegenüber den nationalen Befreiungsbewegungen vorkommt; die Widersprüche zwischen den Klassen, selbst wenn sie sich noch im embryonalen Stadium befinden, sind viel wichtiger als die Widersprüche zwischen den Stämmen.

Die Bedingungen für den Befreiungskampf im Kolonialismus und Neokolonialismus

Obwohl die koloniale und die neokoloniale Situation dem Wesen nach gleich sind und der wichtigste Aspekt des Kampfes gegen den Imperialismus der neokolonialistische ist, glauben wir, daß es unerläßlich ist, in der Praxis zwischen beiden zu unterscheiden. In Wirklichkeit erleichtert die mehr oder weniger differenzierte, horizontale Sozialstruktur der einheimischen Bevölkerung und das Fehlen einer aus nationalen Elementen gebildeten politischen Macht im Kolonialismus die Schaffung einer breiten Kampffront, die für den Erfolg der nationalen Befreiungsbewegung unentbehrlich ist. Diese Möglichkeit dispensiert uns aber nicht davon, eine genaue Untersuchung der einheimischen Sozialstruktur und ihrer Entwicklungstendenzen durchzuführen und für die Praxis geeignete Maßnahmen zu treffen, um eine wirkliche nationale Befreiung zu garantieren.

Als eine dieser Maßnahmen erscheint uns unerläßlich, daß sich eine Avantgarde bildet, die fest geeint ist und sich der wahren Bedeutung und des Ziels des Befreiungskampfes, den sie führen muß, bewußt ist. Diese Notwendigkeit ist umso dringender, als man weiß, daß die koloniale Situation – von einigen seltenen Ausnahmen abgesehen – die Existenz von avantgardistischen Klassen (bewußte Arbeiterklasse und Landproletariat), die die Wachsamkeit der Volksmassen bei der Entwicklung der Befreiungsbewegung gewährleisten könnten, weder erlaubt noch fordert. Umgekehrt erlauben der im allgemeinen erst embryonale Charakter der Arbeiterklasse und die ökonomische, soziale und kulturelle Situation der für den nationalen Befreiungskampf wichtigsten physischen Macht – der Bauern – diesen beiden wichtigsten Kräften nicht, von sich aus die wirkliche nationale Unabhängigkeit von der scheinbaren politischen zu unterscheiden. Einzig eine revolutionäre Avantgarde, meist eine aktive Minderheit, kann sich von Anfang an dieses Unterschiedes bewußt sein und ihn im Kampf in das Bewußtsein der Volksmassen tragen. Das erklärt den grundlegend politischen Charakter des nationalen Befreiungskampfes und gibt in gewissem Grade an, welche Bedeutung die Form des Kampfes für das Endergebnis der nationalen Befreiung hat.

Unter dem Neokolonialismus verschärfen die mehr oder weniger ausgeprägte vertikale Sozialstruktur und die Existenz einer aus Einheimischen bestehenden politischen Macht – der Nationalstaat – die Widersprüche noch und erschweren die Schaffung einer geeinten, breiten Front wie im Kolonialismus oder machen sie unmöglich. Einerseits tragen die materiellen Folgen (vor allem die Nationalisierung der Verwaltungskader und die Zunahme der ökonomischen Initiative der Einheimischen, besonders im kommerziellen Zweig) wie auch die psychologischen Folgen (der Stolz zu glauben, daß man durch die eigenen Landsleute geführt wird; die Ausnützung der religiös oder tribalistisch bedingten Solidarität zwischen einigen Führern und den Volksmassen) dazu bei, einen beachtlichen Teil der nationalistischen Kräfte zu demobilisieren. Andererseits sorgen jedoch der notwendigerweise repressive Charakter des neokolonialen Staates gegenüber den nationalen Befreiungskräften, die Vertiefung der Klassenwidersprüche, das objektive Verbleiben der Agenten und der Zeichen der Fremdherrschaft (Siedler, die ihre Privilegien behalten, Streitkräfte, Rassendiskriminierung), die wachsende Verelendung der Bauern und der mehr oder weniger offene Einfluß von äußeren Faktoren dafür, daß die Flamme des Nationalismus erhalten bleibt, daß sich das Bewußtsein weiter Bevölkerungsschichten stark hebt und daß sich im Bewußtsein der neokolonialen Frustration die Mehrheit der Bevölkerung um das Ideal der nationalen Befreiung sammelt.

Während sich die eingeborene herrschende Klasse fortschreitend verbürgerlicht, eröffnet gleichzeitig die Entstehung einer aus Stadt- und Landarbeitern zusammengesetzten Arbeiterklasse, die alle durch die indirekte Herrschaft des Imperialismus ausgebeutet werden, neue Perspektiven für die Entwicklung der nationalen Befreiung. Diese Arbeiterklasse scheint unter dem Neokolonialismus die Avantgarde des Volkes im nationalen Befreiungskampf darzustellen, wie gering auch ihr politisches Bewußtsein über das Minimum hinaus, das das Bewußtsein ihrer Bedürfnisse ist, entwickelt sein mag. Sie wird jedoch ihre Aufgabe in diesem Kampf, der nicht mit der Erlangung der Unabhängigkeit endet, nicht vollständig erfüllen können, wenn sie sich nicht fest mit den anderen ausgebeuteten Schichten zusammenschließt, den Bauern im allgemeinen (Arbeiter, Pächter, Halbpächter, kleine Landbesitzer) und der nationalen Kleinbourgeoisie. Die Verwirklichung dieser Allianz erfordert die Mobilisierung und Organisierung der nationalistischen Kräfte im Rahmen einer starken und gut strukturierten politischen Partei oder deren Aktion.

Ein anderer wichtiger Unterschied zwischen der kolonialen und neokolonialen Situation liegt in den Kampfperspektiven. Im Kolonialismus, wo die Klasse ›Nation‹ gegen die repressive Macht der Bourgeoisie der Kolonialmacht kämpft, kann es – zumindest dem Anschein nach – zu einer nationalistischen Lösung kommen, zur nationalen Revolution: Die Nation erlangt ihre Unabhängigkeit und übernimmt, in der Hypothese, die ihr geeignetste ökonomische Struktur. Im neokolonialen Fall, wo die Arbeiterklasse und ihre Verbündeten gleichzeitig gegen die imperialistische Bourgeoisie und die einheimische herrschende Klasse kämpfen, wird sich durch die nationalistische Lösung nichts ändern; sie fordert die Zerstörung der vom Imperialismus in das Land hineingetragenen kapitalistischen Struktur und eine geradezu sozialistische Lösung.

Diese Unterscheidung ergibt sich hauptsächlich aus dem unterschiedlichen Stand der Produktivkräfte in den beiden Fällen und in der zunehmenden Verschärfung des Klassenkampfs.

Es ist nicht schwierig aufzuzeigen, daß heute diese Unterscheidung kaum sichtbar ist. Es genügt, sich daran zu erinnern, daß es unter unseren aktuellen historischen Bedingungen (Liquidation des Imperialismus, der mit allen Mitteln die Herrschaft über unsere Völker aufrechterhalten will, Errichtung des Sozialismus in einem beachtlichen Teil der Welt) für eine Nation nur zwei mögliche Wege einer Unabhängigkeit gibt: wieder unter den Imperialismus zurückzukehren (Neokolonialismus, Kapitalismus und Staatskapitalismus) oder die Errichtung eines sozialistischen Lebens. Diese Einsicht, von der der Ausgleich der vom Volk während des Kampfes gemachten Anstrengungen und erbrachten Opfer abhängt, ist stark an die Kampfesform und den Grad des revolutionären Bewußtseins ihrer Führer gebunden.

Die Rolle der Gewalt

Die Tatsachen ersparen uns den Beweis, daß das Hauptinstrument der imperialistischen Herrschaft die Gewalt ist. Wenn wir das Prinzip annehmen, nach dem der Befreiungskampf eine Revolution ist, und daß diese nicht in dem Moment beendet ist, in dem man die Flagge hißt und die Nationalhymne spielt, dann erkennen wir, daß es keine nationale Befreiung ohne den Gebrauch der befreienden Gewalt von Seiten der nationalistischen Kräfte – als Antwort auf die verbrecherische Gewalt der Agenten des Imperialismus – gibt und geben kann. Niemand zweifelt daran, daß – was auch immer die örtlichen Besonderheiten sein mögen – die imperialistische Herrschaft einen Zustand der permanenten Gewalt gegenüber den nationalen Kräften bedingt. Es gibt kein Volk auf der Welt, das dem imperialistischen (kolonialistischen oder neokolonialistischen) Joch unterworfen war und seine nominelle oder wirkliche Unabhängigkeit ohne Opfer erlangt hat. Wichtig ist, die Formen der Gewalt zu bestimmen, die von den nationalen Befreiungskräften angewandt werden müssen, um nicht nur der imperialistischen Gewalt zu antworten, sondern um auch durch ihren Kampf den endgültigen Sieg ihrer Sache zu garantieren: die wirkliche nationale Unabhängigkeit.

Die vergangenen und gegenwärtigen Erfahrungen einiger Völker, die aktuelle Lage des nationalen Befreiungskampfes, namentlich in Vietnam, im Kongo und in Zimbabwe (Rhodesien), sowie der Zustand der permanenten Gewalt oder mindestens der Konfrontation und des Umsturzes, in dem sich einige

Länder befinden, die ihre ›Unabhängigkeit‹ auf friedlichem Weg erreicht haben, zeigen uns nicht nur, daß Kompromisse mit dem Imperialismus wirkungslos sind, sondern auch, daß der normale Weg zur nationalen Befreiung, der den Völkern durch die imperialistische Unterdrückung auferlegt ist, der bewaffnete Kampf ist.

Wir glauben, in dieser Versammlung keinen Anstoß zu erregen, wenn wir feststellen, daß der einzige und wirksame Weg zur endgültigen Verwirklichung der Hoffnungen aller Völker, das heißt zur Erlangung der nationalen Befreiung, der bewaffnete Kampf ist. Das ist die große Lehre, die die gegenwärtige Geschichte des nationalen Befreiungskampfes all jenen vermittelt, die an den Bemühungen zur Befreiung ihrer Völker ernsthaft beteiligt sind.

Die Rolle der Kleinbourgeoisie im nationalen Befreiungskampf

Es ist offensichtlich, daß sowohl die Wirksamkeit dieses Weges als auch die Stabilität, zu der er nach der Befreiung führt, nicht nur von der besonderen Organisation des Kampfes, sondern auch vom historischen und moralischen Bewußtsein jener abhängen, die aus historischen Gründen befähigt sind, die unmittelbaren Erben des kolonialen oder neokolonialen Staates zu werden. Denn die Tatsachen haben erwiesen, daß die einheimische Kleinbourgeoisie die einzige soziale Schicht ist, die fähig ist, ein reales Bewußtsein von der imperialistischen Herrschaft zu erlangen und den von dieser Herrschaft geerbten Staatsapparat zu leiten. Wenn wir die unsicheren Eigenschaften, d. h. die Komplexität der Tendenzen, die der ökonomischen Lage dieser Schicht oder Klasse innewohnen, beachten, so sehen wir, daß dieser ungünstige Umstand eine der Schwächen der nationalen Befreiung darstellt.

Die koloniale Situation, die die Entwicklung einer einheimischen Pseudobourgeoisie nicht erlaubt, und in der die Volksmassen im allgemeinen das politische Bewußtsein nicht vor dem Ausbruch des Phänomens der nationalen Befreiung erreichen, bietet der Kleinbourgeoisie die historische Gelegenheit, den Kampf gegen die Fremdherrschaft zu leiten. Sie ist die Schicht, die aus ihrer objektiven und subjektiven Lage heraus (höherer Lebensstandard als die Massen, häufigere Kontakte mit den Agenten des Kolonialismus, daher mehr Gelegenheit, gedemütigt zu werden, höherer Grad der allgemeinen und politischen Bildung etc.) am schnellsten das Bewußtsein des Bedürfnisses erlangt, sich von der Fremdherrschaft zu befreien. Diese historische Verantwortung wird von einem Teil des Kleinbürgertums übernommen, den man im kolonialen Zusammenhang revolutionär nennen kann, während die anderen Teile die charakteristischen Zweifel dieser Klasse behalten oder sich, wenn auch illusorischerweise, mit dem Kolonialismus verbünden, um ihre soziale Stellung zu verteidigen.

Die neokoloniale Situation, die zur Verwirklichung der nationalen Befreiung die Vernichtung der einheimischen Kleinbourgeoisie erfordert, gibt auch der Kleinbourgeoisie die Gelegenheit, eine erstrangige – ja sogar entscheidende – Rolle im Kampf zur Zerstörung der Fremdherrschaft zu führen. In diesem Fall aber teilt sie, dank der in der Sozialstruktur verwirklichten Fortschritte, die Aufgabe der Führung des Kampfes in mehr oder weniger starkem Maße mit den am besten ausgebildeten Teilen der arbeitenden Klasse und sogar mit Elementen aus der nationalen Pseudobourgeoisie, denen patriotische Gefühle innewohnen. Die Rolle des Teils der Kleinbourgeoisie, der an der Führung des Kampfes teilnimmt, ist noch wichtiger, weil er unter dem Neokolonialismus fähiger ist, diese Aufgabe zu übernehmen, sei es, weil die Arbeitermassen noch ökonomische und kulturelle Grenzen kennen, sei es wegen der Komplexe und der Beschränktheit ideologischer Natur, die den Teil der nationalen Pseudobourgeoisie kennzeichnen, der sich dem Kampf anschließt. Hier ist es wichtig zu bemerken, daß die anvertraute Mission von diesem Teil der Kleinbourgeoisie ein größeres revolutionäres Bewußtsein und die Fähigkeit erfordert, die Hoffnungen der Massen in jeder Phase des Kampfes genau zu interpretieren und sich mehr und mehr mit ihnen zu identifizieren.

Wie groß aber das revolutionäre Bewußtsein desjenigen Teils der Kleinbourgeoisie, der aufgerufen ist, diese geschichtliche Aufgabe zu erfüllen, auch sein mag, er kann sich dieser objektiven Gegebenheit nicht entziehen: die Kleinbourgeoisie als Dienstleistungsklasse (das heißt, daß sie nicht direkt in den Produktionsprozeß einbezogen ist) verfügt über keinerlei ökonomische Grundlage, die ihr die Machtergreifung garantieren würde. In der Tat zeigt uns die Geschichte, daß diese Klasse niemals im Besitz der politischen Macht gewesen ist, gleich welche – manchmal auch wichtige – Rolle die aus der Kleinbourgeoisie hervorgegangenen Individuen im Verlauf einer Revolution gespielt haben. Und sie konnte es auch nicht sein, denn die politische Macht, der Staat, gründet sich auf die ökonomische Macht der herrschenden Klasse, und unter den Bedingungen der kolonialen und neokolonialen Gesellschaft liegt diese Macht in der Hand zweier Gruppen: des imperialistischen Kapitals und der nationalen, arbeitenden Klasse.

Um die Macht aufrechtzuerhalten, die die nationale Befreiung in ihre Hände legt, gibt es für die Kleinbourgeoisie nur einen Weg: ihren natürlichen Tendenzen der Verbürgerlichung freien Lauf zu lassen, die Entwicklung einer bürokratischen Bourgeoisie und – als Vermittler – die Entwicklung der Warenzirkulation zuzulassen, um sich in eine nationale Pseudobourgeoisie zu verwandeln; das heißt, die Revolution zu verneinen und sich notwendigerweise mit dem imperialistischen Kapital zu verbünden. Dies alles entspricht der neokolonialen Situation, dem Verrat der Ziele der nationalen Befreiung.

Um diese Ziele nicht zu verraten, gibt es für die Kleinbourgeoisie nur einen Weg: ihr revolutionäres Bewußtsein zu verstärken, den Versuchungen der Verbürgerlichung und den natürlichen Anfechtungen ihrer Klassenmentalität zu widerstehen, sich mit der Arbeiterklasse zu identifizieren und sich nicht dem normalen Entwicklungsprozeß der Revolution zu widersetzen. Das bedeutet, daß die revolutionäre Kleinbourgeoisie, um die Rolle voll zu erfüllen, die ihr im nationalen Befreiungskampf zukommt, fähig sein muß, als Klasse Selbstmord zu begehen, um als revolutionäre Arbeiter wieder hervorzugehen, die sich vollständig mit den tiefsten Wünschen des Volkes, zu dem sie gehören, identifizieren.

Diese Alternative – die Revolution zu verraten oder als Klasse Selbstmord zu begehen – macht das Dilemma aus, in dem sich die Kleinbourgeoisie im allgemeinen Rahmen des nationalen Befreiungskampfes befindet. Ihre positive Lösung zu Gunsten der Revolution hängt von dem ab, was Fidel Castro kürzlich richtig die ›Entwicklung des revolutionären Bewußtseins‹ genannt hat. Diese Abhängigkeit richtet notwendigerweise unsere Aufmerksamkeit auf die Fähigkeit des Führers des nationalen Befreiungskampfes, den Prinzipien und der Sache des Kampfes treu zu bleiben. Wir sehen also: Obwohl die nationale Befreiung in hohem Maße ein politisches Problem ist, so verleihen ihr die Bedingungen ihrer Entwicklung doch gewisse Eigenschaften, die dem Bereich der Moral angehören.

Wir haben es für unsere Pflicht gehalten, uns mit diesem bescheidenen Beitrag an der Hauptdebatte dieser Konferenz im Namen der nationalen Organisationen der afrikanischen, noch vollständig oder teilweise vom portugiesischen Kolonialismus beherrschten Länder zu beteiligen. Fest in der CONCP, unserer multinationalen Organisation, vereinigt, sind wir entschlossen, den Interessen und gerechten Zielen unserer Völker treu zu bleiben, ungeachtet unserer gesellschaftlichen Herkunft. Im Interesse unserer Völker, Afrikas und der Menschheit, die im Kampf gegen den Imperialismus stehen, hat sich unsere Organisation zum Hauptziel gesetzt, die Wachsamkeit mit dieser Treue zu verbinden.

Deshalb kämpfen wir mit den Waffen in der Hand in Angola, Guinea und Moçambique gegen die portugiesischen Kolonialtruppen, und wir bereiten uns darauf vor, es ebenso auf den Kapverdischen Inseln und São Tomé e Principe zu tun. Deshalb widmen wir unsere größte Aufmerksamkeit der politischen Arbeit in unseren Völkern, indem wir Tag für Tag unsere nationalen Organisationen verbessern und verstärken, an deren Leitung alle Teile unserer Gesellschaft beteiligt sind. Deshalb sind wir gegenüber uns selbst wachsam und bemühen uns, auf der Grundlage der genauen Kenntnis unserer Schwächen und Stärken ständig unser revolutionäres Bewußtsein weiterzuentwickeln, indem wir die ersteren beseitigen und die letzteren verstärken. Deshalb sind wir auch in Kuba und nehmen an dieser Konferenz teil.

Wir werden hier keine ›Vivats‹ ausrufen, noch hier unsere Solidarität gegenüber diesem oder jenem im Kampf stehenden Volk proklamieren. Unsere Anwesenheit als solche ist ein Schrei der Verdammung gegen den Imperialismus und ein Beweis unserer Solidarität mit allen Völkern, die das imperialistische Joch aus ihren Ländern verbannen wollen, besonders mit dem heldenhaften Volk Vietnams. Wir sind fest davon überzeugt, daß wir den besten Beweis unserer anti-imperialistischen Haltung und unserer aktiven Solidarität mit den Genossen in diesem gemeinsamen Kampf ablegen, wenn wir in unsere Länder zurückkehren, den Kampf noch weiter entfalten und den Prinzipien und Zielen der nationalen Befreiung treu bleiben.

Wir wünschen, daß jede hier vertretene nationale Befreiungsbewegung in ihrem Land, die Waffen in der Hand, gemeinsam mit ihrem Volk den fast schon legendären Ruf aus Kuba wiederholen kann:

Patria o Muerte, Venceremos!

Tod den imperialistischen Kräften!

Freie, aufblühende und glückliche Heimat für jedes unserer Völker!

Venceremos!

Havanna, Kuba – Befreites Gebiet von Amerika – 6. Januar 1966

Praktische Probleme und Taktik*

Wie ist der Stand des Kampfes in den Städten, besonders in der Hauptstadt Bissao, und auf den Kapverdischen Inseln?
Wir hatten in den Städten und den städtischen Zentren unseres Landes große Kampferfahrung, denn dort begann der Kampf zuerst. Zunächst organisierten wir Massendemonstrationen, Streiks etc., um von den Portugiesen eine Änderung in Hinblick auf die Rechte unseres Volkes auf Selbstbestimmung und nationale Unabhängigkeit zu erreichen. Wir fanden heraus, daß uns durch die Konzentration der portugiesischen Repressionskräfte (Militär, Polizei etc.) in den Städten und den städtischen Zentren schwere Verluste zugefügt wurden. Beispielsweise töteten die Portugiesen im August 1959 anläßlich des Docker- und Seeleute-Streiks in Bissao innerhalb von 20 Minuten 50 afrikanische Arbeiter und verwundeten über 100 Personen in den Pidjiguiti-Docks. In dieser Zeit beschloß die Partei, in Bissao eine Geheimkonferenz abzuhalten, und zu dieser Zeit änderten wir auch unser Vorgehen. Das heißt, daß wir das Land zu mobilisieren begannen und daß wir uns entschlossen, uns auf den bewaffneten Kampf gegen die portugiesische Kolonialarmee vorzubereiten.
Später beschlossen wir, die Untergrundarbeit der Partei in den Städten weiterzuführen. Die gleichen Führer arbeiteten auch in den städtischen Zentren, unter ihnen der damalige Parteipräsident, der von den portugiesischen Behörden gefangengenommen wurde und seitdem unter Hausarrest steht. Wir beschlossen, daß die Volksmassen in den Städten nichts organisieren sollten, was den Portugiesen die Gelegenheit zu krimineller Repression geben würde.
Heute besitzen wir in den Städten Bissao, Bafata, Farim etc. ein Untergrundnetz der Partei, aber wir sind noch zu keiner direkten Aktion gegen die portugiesischen Kolonialisten in den Städten übergegangen.
Es ist wichtig darauf hinzuweisen, daß unser Land eine Handelskolonie und keine Siedlungskolonie ist; aus diesem Grund haben die portugiesischen Siedler kein großes Interesse, sich in unserem Land niederzulassen. Einige wenige sind Regierungsangestellte, andere sind einfache Geschäftsleute. Von Anfang an nahmen sie gegenüber unserem Kampf eine schwankende, ja sogar indifferente Stellung ein, und viele unter ihnen

* Teile eines Interviews aus ›Tricontinental-Magazin‹, No. 8, Havanna, Kuba 1968.

wollten nach Portugal zurückkehren. Deshalb haben wir keinen Anlaß, Aktionen im terroristischen Sinn gegen die portugiesischen Zivilisten zu unternehmen. Unsere städtischen Aktivitäten sind vielmehr gegen die Infrastruktur der portugiesischen Armee und die Streitkräfte gerichtet. Wenn die Portugiesen uns unser Recht auf Selbstbestimmung und Unabhängigkeit auch nach vier Jahren bewaffneten Kampfes noch immer aberkennen, dann sind wir gezwungen, die Städte ebenfalls anzugreifen, und darauf bereiten wir uns vor. Wir sind dazu entschlossen, seit wir wissen, daß die Portugiesen ihre kriminellen Akte gegen die friedlichen Kräfte in den befreiten Gebieten fortsetzen. Bis jetzt haben wir in den Städten noch keine Aktionen ausgeführt, aber wir sind entschlossen, dies zu tun, sofern es einen Fortschritt in unserem Kampf und eine Wiedervergeltung der barbarischen Akte, die die Portugiesen gegen die Bevölkerung der befreiten Gebiete ausüben, darstellt.

Was die Kapverden angeht, so meinen wir, daß der Kampf von größter Wichtigkeit ist, nicht nur für Guinea, sondern auch für alle anderen portugiesischen Kolonien. Wir können versichern, daß die Partei sich darauf vorbereitet, den bewaffneten Kampf auf den Kapverdischen Inseln zu beginnen. Während der letzten beiden Jahre machte unsere Partei auf den Kapverdischen Inseln große Fortschritte. Die Parteileitung funktioniert bestens. Wir haben beste Verbindungen zu den Kapverdischen Inseln und – wie ich schon vorhin bemerkte – wir sind bereit, den bewaffneten Kampf auf den Inseln auszulösen. Die Entscheidung hängt von der Parteileitung ab, die die günstigen und ungünstigen Faktoren zu Beginn des bewaffneten Kampfes abwägen muß.

Was ist das strategische Ziel des Kampfes?
Gibt es Möglichkeiten zu Verhandlungen mit den Portugiesen?
Das strategische Ziel unseres bewaffneten Kampfes ist, unser Land vollständig vom kolonialen Joch der Portugiesen zu befreien. Das ist das Ziel aller Befreiungsbewegungen, die durch die Umstände gezwungen wurden, die Waffen zu ergreifen und gegen die koloniale Unterdrückung und die Kolonialpräsenz zu kämpfen. Nachdem wir die ländlichen Bedingungen studiert hatten, stellten wir für unseren Kampf entsprechende Prinzipien auf. Beispielsweise beschlossen wir, nie von außen zu kämpfen, sondern den Kampf im Land selbst zu beginnen; aus diesem Grunde hatten wir nie bewaffnete Kräfte außerhalb des Landes, sondern begannen 1963 den bewaffneten Kampf im Landesinnern, im Süden und im Norden. Das heißt, daß wir im Gegensatz zu anderen afrikanischen Völkern oder anderen, die irgendwo um nationale Unabhängigkeit kämpfen, eine Strate-

gie ausarbeiteten, die man zentrifugal nennen könnte: wir begannen im Zentrum und marschierten gegen die Peripherie unseres Landes. Das war die erste große Überraschung für die Portugiesen, die in der Annahme, daß wir in ihr Land einfallen würden, an der Grenze zu Senegal und Guinea ihre Truppen stationiert hatten.

Wir aber mobilisierten im geheimen unser Volk in den Städten und auf dem Land. Wir bereiteten unsere Kader vor; mit modernen und traditionellen Waffen bewaffneten wir die wenigen, die wir bewaffnen konnten, und begannen unsere Aktionen vom Landesinnern aus.

Heute breitet sich der Kampf in allen Gebieten des Landes aus, in Boe und Gabu im Süden; im Norden; in San Domingos, in der Farim-Region, im Westen, in der Nähe des Meeres, in der Mandjack-Region. Wir hoffen, in kurzer Zeit auch auf der Bissao-Insel kämpfen zu können. Einen großen Teil unseres nationalen Territoriums haben wir befreit, wie Sie im Süden selbst feststellen können und wie andere Kameraleute und Journalisten im Norden und im Osten gesehen haben; diese befreiten Gebiete stellen einen Teil unserer Strategie dar.

Was die Möglichkeiten von Verhandlungen betrifft, so können wir sagen, daß unser Kampf politische Ziele verfolgt. Wir kämpfen nicht, weil wir das Kriegführen lieben. Wir führen keinen Krieg, um Portugal zu erobern. Wir kämpfen, um unsere Menschenwürde, das Recht auf eine eigene Nation zurückzuerlangen; wir kämpfen als afrikanisches Volk, das seine Unabhängigkeit will. Aber die Ziele unseres Kampfes sind politisch: die vollständige Befreiung des Volkes von Guinea und den Kapverdischen Inseln, sowie die nationale Unabhängigkeit und Souveränität, hier im Land und auf internationaler Ebene.

Deshalb ist es nicht von Bedeutung, wann – heute, morgen oder übermorgen – die portugiesischen Kolonialisten, durch den heroischen Widerstand unseres Volkes und den Kampf der bewaffneten Kräfte, gezwungen werden zu erkennen, daß die Zeit gekommen ist, sich mit uns an einen Tisch zu setzen und mit uns zu diskutieren. Es spielt auch keine Rolle, ob wir heute, morgen oder übermorgen willens sind, mit ihnen zu diskutieren. Nachdem die Vereinten Nationen die Portugiesen nicht zu Gesprächen bewegen konnten, hängt dies wirklich nur noch von den Portugiesen ab. Zudem sind wir überzeugt, daß solche Möglichkeiten davon abhängen, was wir im Zusammenhang mit unserem bewaffneten Kampf erreichen können. Das ist unsere Position in Bezug auf die Möglichkeiten für Verhandlungen mit den Portugiesen: Unter Berücksichtigung dessen, was wir geleistet haben, der Opfer, die unser Volk während dieser schwierigen Periode gebracht hat, der Tatsache, daß sich

Afrika heute auf dem Weg zur vollständigen Befreiung befindet, stellen wir fest: Wir verhandeln mit den Portugiesen, wann sie wollen, wann sie bereit sind, aber wir verhandeln nur über die vollständige und bedingungslose Unabhängigkeit unseres Volkes.

Das soll jedoch nicht heißen, daß wir als politisch bewußtes Volk und trotz der portugiesischen Verbrechen, die sie in unserem Land begehen, an Gesprächen mit Portugal auf der Grundlage der Gleichheit, zum beiderseitigen Nutzen und vor allem aufgrund der vollen Anerkennung unseres Landes, nicht interessiert sind.

Können Sie uns etwas über die taktischen Prinzipien
der PAIGC-Guerillaarmee sagen?

Heute ist es bei der Verwirklichung der bewaffneten nationalen Befreiung nicht nötig, lange Generallinien zu erfinden. Durch den bewaffneten nationalen Befreiungskampf in der ganzen Welt gibt es schon eine Fülle an Erfahrungen. Das chinesische Volk kämpfte. Das vietnamesische Volk kämpft seit mehr als 25 Jahren. Das kubanische Volk kämpfte heldenhaft und vertrieb die Reaktionäre und Imperialisten von seiner Insel, die heute ein Beispiel des Fortschritts darstellt. Unser Volk hat gekämpft und hat der Welt seine Kampfeserfahrung mitgeteilt.

Sie wissen sehr gut, daß Che Guevara – für uns der große Che Guevara – ein Buch schrieb, ein Buch über den Guerillakrieg. Dieses Buch beispielsweise und andere Dokumente über den Guerillakampf in anderen Ländern, auch in Europa, wo es während des letzten Weltkriegs ebenfalls Guerillakämpfe gab, dienten uns als Basis für die allgemeine Erfahrung in unserem eigenen Land.

Aber niemand begeht im allgemeinen den Fehler, blind die Erfahrungen anderer im eigenen Land anzuwenden. Um für unser Land die Guerillataktik bestimmen zu können, mußten wir die geographischen, historischen, ökonomischen und sozialen Bedingungen unseres eigenen Landes, in Guinea und auf den Kapverden, in Betracht ziehen.

Das gab uns ein konkretes Wissen über die reale Situation, die wir in unserem Land geschaffen haben, über die taktischen und strategischen Prinzipien und über unseren Guerillakampf.

Wir können sagen, daß unser Land von anderen Ländern sehr verschieden ist. Erstens ist es ein sehr kleines Land (Guinea 36 000 qkm, Kapverdische Inseln 4000 qkm). Während Guinea auf dem afrikanischen Kontinent ist, liegen die Kapverdischen Inseln inmitten des Meeres, wie ein Archipel. Dies mußten wir alles berücksichtigen; dazu kam, daß Guinea ein flaches Land ist. Es gibt keine Berge, und jedermann weiß, daß für den

Guerillakampf die Berge benützt werden. So mußten wir unser Volk selbst in Berge verwandeln. Aus den Sümpfen und dem Dschungel mußten wir die größten Vorteile ziehen, um für den Feind schwierige Situationen in seiner Auseinandersetzung mit unserer siegreichen Armee zu schaffen.

Was die anderen Taktiken angeht, so folgen wir den grundlegenden Prinzipien des bewaffneten Kampfes oder, falls Sie wollen, des Kolonialkrieges: der Feind muß, um verschiedene Zonen zu kontrollieren, seine Kräfte zerstreuen; er wird schwach und wir können ihn schlagen. Um sich jedoch vor uns zu schützen, muß er seine Kräfte zusammenziehen, wir können so die freigewordenen Gebiete besetzen und in ihnen politisch arbeiten, um den Feind von der Rückkehr abzuhalten.

Das ist das Dilemma, in dem der Feind sich in unserem Land befindet, genauso war es auch in anderen Ländern. Und dieses Dilemma, das von uns geschickt ausgenützt werden muß, wird die Portugiesen dazu bringen, in unserem Land eine Niederlage zu erleiden.

Das ist sicher, denn unser Volk ist mobilisiert. Es weiß, was es tut. So stellen die befreiten Gebiete, wo wir ein neues Leben entwickeln, eine andauernde Propaganda für die Befreiung anderer Teile des Landes dar.

Was sind die wichtigsten taktischen und strategischen Antiguerilla-Prinzipien der portugiesischen Armee?

Wenn wir für unseren Kampf nicht viel erfinden mußten, so mußten die Portugiesen noch viel weniger erfinden.

Das einzige, was die Portugiesen in unserem Lande tun, ist, die Taktik und die Strategie zu übernehmen, die von den Amerikanern und anderen Imperialisten in ihren Kriegen gegen die Völker, die sich von ihrer Herrschaft befreien möchten, angewendet werden. Nachdem die Portugiesen es mit allen Arten der Repression (Unterdrückung durch Polizei und Militär, Tötung, Massaker etc.) versucht hatten, begannen sie, politisch zu arbeiten. Aber all dies konnte den Kampf nicht aufhalten. Sie nutzten Stammeswidersprüche aus. Sie begannen, zwischen helleren und dunkleren Menschen den Rassismus zu praktizieren. Sie nutzten die Frage der Zivilisierten und Unzivilisierten aus, wie auch die privilegierte Stellung der traditionellen Häuptlinge. Das alles führte nicht zu den erwarteten Resultaten. Die Portugiesen entfesselten dann einen Kolonialkrieg. Und in diesem Kolonialkrieg benutzten sie dieselbe Taktik und dieselbe Strategie, die alle Imperialisten, die gegen das Volk kämpfen, benützen.

Gegen uns setzten sie die modernsten Waffen ein, die sie von ihren Alliierten erhalten konnten: von den Vereinigten Staaten, Deutschland, Belgien, Italien, Frankreich etc. Sie benützten jede Art von Bomben außer den nuklearen. Beispielsweise benützen sie seit Beginn des Kampfes Napalmbomben gegen uns. Auch benutzten sie bewaffnete Fahrzeuge. Sie benutzten B-26, T-6 und P-2V Flugzeuge sowie Fiat 82s und Fiat 91s-Jäger und Sabres, die sie von Kanada und Deutschland erhalten. Aber es nützte alles nichts. In letzter Zeit verwenden sie bewaffnete Helikopter für kombinierte Operationen mit der Marine und der Infanterie. Wir sind sicher, daß auch dies scheitern wird.

Die Portugiesen befinden sich in einer Situation, die Sie bereits selbst betrachten konnten, als Sie als Journalist in unser Land kamen. Die Portugiesen sind in ihren Baracken eingeschlossen, zwischendurch machen sie einige Ausfälle, um in einer kriminellen Aktion unser Volk anzugreifen. Sie kämpfen gegen unsere Kräfte, jeden Tag bombardieren sie unsere Dörfer und versuchen, unsere Ernte zu verbrennen. Sie fangen an, unser Volk zu terrorisieren.

Wir sind entschlossen, Widerstand zu leisten. Die Taktik und die Strategie der portugiesischen Kolonialisten – die gleichen, die die Imperialisten auch anderswo anwenden, etwa in Vietnam – scheitern bei uns so, wie sie in Vietnam gescheitert sind.

Wir wissen, daß die Portugiesen offensive Aktionen durchführen, bei denen sie unter Einsatz von 3-5000 Mann befreite Gebiete wiederzubesetzen versuchen.
Was wissen Sie darüber?
Ja, das große Drama der Portugiesen ist, die bereits befreiten Gebiete wiederzuerobern. 1964 führten sie beispielsweise mit über 3000 Mann eine große Offensive gegen die Como-Inseln durch. Die Rückgewinnung der Como-Inseln hätte für die Portugiesen zwei große Vorteile: erstens einen strategischen, da die Como-Inseln ein Stützpunkt zur Kontrolle des Südteils des Landes sind, zweitens einen politischen, da die Rückgewinnung einen großen Propagandasieg für die Portugiesen darstellen würde und dazu führen könnte, unsere eigene Bevölkerung zu demoralisieren.

Aber die Portugiesen wurden in Como geschlagen, sie verloren über 900 Soldaten und viel Material. Sie mußten abziehen, und Como blieb weiterhin frei. Heute ist es eine der entwickeltsten Zonen unserer befreiten Gebiete.

Die Portugiesen versuchten, und versuchen es heute noch, Gebiete zurückzuerobern. Während der letzten Trockenzeit machten sie im Süden und Norden große Anstrengungen, aber es gelang ihnen nicht, sich in den befreiten Zonen niederzulassen.

Sie kommen mit hunderten von Leuten, nie weniger, und manchmal sogar mit tausenden. Je mehr Leute sie bringen, desto größere Verluste und Schande können wir ihnen zufügen. Wir sind bereit, auf jeden Angriff der Portugiesen zu antworten; wenn sie mit Flugzeugen vorstoßen, ist es allgemein schwieriger für uns; aber unsere Kämpfer haben aus eigener Erfahrung gelernt, wie man unter derartigen Verhältnissen kämpft.

Sie erwähnten Che Guevara's Buch ›Guerilla Warfare‹. In diesem Buch teilt Guevara den Guerillakrieg in drei Phasen ein. In welcher entsprechenden Phase, denken Sie, steht nun der Kampf im sogenannten ›portugiesisch‹ Guinea?
Im allgemeinen sind wir eher zurückhaltend in der Systematisierung von Phänomenen. In der Praxis entwickelt sich das Phänomen nicht immer in Übereinstimmung mit dem Schema. Wir bewundern das von Che Guevara erstellte Schema sehr, das vor allem auf dem Kampf des kubanischen Volkes und auf anderen Erfahrungen beruht, und wir sind überzeugt, daß eine gründliche Analyse dieses Schemas eine gewisse Anwendung in unserem Kampf finden kann. Trotzdem sind wir nicht ganz sicher, ob das Schema vollständig auf unsere Situation anwendbar ist.
Unter diesen Vorbehalten glauben wir, daß wir zum jetzigen Zeitpunkt unseres Kampfes bereits im Stadium der mobilen Kriegsführung sind. Deshalb haben wir unsere Streitkräfte umorganisiert, haben stärkere Einheiten als die der regulären Armee gebildet. Deshalb haben wir die Mobilität unserer Kräfte erhöht, das vermindert die Wichtigkeit der Guerillapositionen beim Angriff gegen feindliche Stellungen. Heute jedoch ist die systematische Attacke gegen bewaffnete portugiesische Lager und Festungen ein charakteristischer Zug unseres Kampfes. Das heißt, daß wir uns im Stadium der mobilen Kriegsführung befinden. Wir hoffen, daß die Zeit nicht mehr allzu fern ist, wo wir mit dieser mobilen Kriegsführung vorstoßen können und die Bedingungen für eine Generaloffensive gegeben sind, mit der wir der portugiesischen Herrschaft in unserem Land ein Ende machen werden.

Können Sie uns etwas über die Entwicklung der Kommunikation und der Propagandaarbeit der Guerilla sagen?
In unserer Propagandaarbeit gibt es zahlreiche Schwierigkeiten. Als erstes haben wir keine Radiostation, die eine ebenso wichtige Rolle wie viele Gewehre spielen könnte. Unsere Partei bemüht sich, eine Station zu erhalten, damit täglich für unsere Kämpfer, für unser Volk und nicht zuletzt für unseren Feind

gesendet werden kann, und wenn nicht täglich, so doch einige Male in der Woche. Wir sind natürlich überzeugt, daß befreundete Nationen, die solche Stationen haben – wie die Republik Guinea, Senegal und Kuba –, uns auf diesem Gebiet unterstützen werden, denn ihre Sender können in unserem Land gehört werden. So werden sie uns mit ihren Radiosendungen im Kampf helfen. Wir brauchten nicht viele Bitten zu senden, denn alle sind für die Gerechtigkeit und sehen die Berechtigung unseres Kampfes ein.

Von Zeit zu Zeit veröffentlichen wir die Ergebnisse der bewaffneten Kämpfe. Wir können diese Kommuniqués jedoch nicht sehr oft senden, denn die Verbindungen zwischen den Kampffronten und der Zentrale, die diese Meldungen koordiniert, sind sehr schwierig herzustellen. Bisher hatten wir kein ausgebautes Funksystem, erst jetzt sind wir an dessen Ausbau. So kamen gewisse Kommuniqués oft mit Verspätung bei uns an. Das heißt jedoch nicht, daß der Kampf stehenbleibt. Leider vermitteln die Kommuniqués nicht die große Intensität und die Häufigkeit der Kämpfe und die vielen Siege, die wir über den Feind erringen.

In bezug auf die Kommunikation hat unser Kampf spezielle Charakteristika: wir können nicht kämpfen, indem wir in einem Jeep oder einem Panzer fahren; wir sind die ersten, die wissen müssen, daß unser Land keine guten Straßen hat, nachdem wir selbst die wenigen Brücken gesprengt haben. Wir haben einige Teilstücke der Straßen unpassierbar gemacht und unser Volk hat Bäume gefällt, um die Straßen zu blockieren. Heute kann der Feind fast keine Straße mehr in unserem Land befahren. Deshalb haben wir auch keine Jeeps, Tanks etc., um auf den Straßen zu fahren, die wir ja selbst vermint haben. Innerhalb unseres Landes müssen wir uns zu Fuß fortbewegen. Das erschwert die Kommunikation.

Ich sagte schon, daß wir aktiv daran arbeiten, unser Radio-System auszubauen, nicht nur damit wir tägliche Berichte über die Kämpfe an allen Fronten senden können, sondern auch um die Zusammenarbeit der Kämpfer an allen Fronten zu erleichtern und so den bewaffneten Kampf zu fördern.

Können Sie uns etwas über die Schwierigkeiten mit Stammes- und Sprachproblemen während des Kampfes erzählen, etwas über die feudalen Gesellschaftsordnungen in Bissao?
Die Schwierigkeiten unseres Kampfes sind vor allem die, welche unsere Lage als unterentwickeltes – nahezu nicht entwickeltes – Volk kennzeichnen, dessen Geschichte durch die Kolonialisten und die imperialistische Herrschaft aufgehalten wurde. Ein Volk, das mit nichts begann, das den Kampf beinahe

nackt begann, ein Volk mit einer Analphabetenrate von nahezu 99% – Sie haben bereits die Anstrengungen gesehen, die wir machen, um die Leute das Lesen und Schreiben zu lehren und um Schulen zu errichten. – Ein Volk das lediglich 14 Menschen mit Universitätsbildung hat; ein solches Volk mußte sicherlich Schwierigkeiten zu Beginn des bewaffneten Kampfes haben.

Sie wissen, daß dies die Situation in Afrika ganz allgemein war, aber in unserem Land war sie besonders ausgeprägt. Unser Volk war nicht nur unterernährt, sondern auch das Opfer vieler Krankheiten, denn die Portugiesen kümmerten sich nie um die öffentliche Gesundheit in unserem Land. All das erschwerte unseren Kampf im Anfang.

Eine andere wichtige Schwierigkeit ist folgende: Unsere afrikanische Kultur, die der ökonomischen Struktur, die wir noch immer haben, entspricht, erschwerte gewisse Aspekte unseres Kampfes. Das sind Dinge, die jemand, der den Kampf von außen beurteilt, nicht bedenkt, weil er wohl weiß, was Regen, Hochwasser, Blitze, Stürme, Taifune und Tornados sind, während andere diese Dinge als Produkt des Willens der Geister interpretieren.

Eine weitere Schwierigkeit ist die: Unser Volk kämpfte in der Zeit der kolonialen Eroberung mit den traditionellen Waffen gegen die Kolonialherrschaft. Heute müssen wir jedoch einen modernen Krieg führen. Einen Guerilla-Krieg, aber einen modernen, mit moderner Taktik. Das stellt uns vor Schwierigkeiten, denn es ist notwendig, Kader zu bilden und die Kämpfer sorgfältig vorzubereiten. Früher mußten wir sie während des Kampfes schulen, da wir keine Zeit hatten, Schulen zu errichten. Wie Sie wissen, haben wir heute jedoch Schulen für die Kämpfer.

All dies bereitete uns Schwierigkeiten bei der Vorbereitung des bewaffneten Kampfes. Während die portugiesischen Offiziere, die den portugiesischen Kampf leiten, sieben Jahre in Militärakademien geschult werden und dann noch an Basiskursen teilnehmen, müssen wir junge Leute von Stadt und Land, manchmal ohne jegliche Bildung, in den Kampf schicken. Sie müssen dann im Kampf selbst die notwendige Erfahrung sammeln, um sich den portugiesischen Offizieren entgegenzustellen. Es genügt zu sagen, daß die portugiesische Regierung den Generalstab in unsrem Land fünfmal ausgewechselt hat, und daß einige der Befehlshaber sogar bestraft wurden. Es ist also nicht notwendig, eine Militärakademie zu besuchen, um im eigenen Land zu kämpfen und zu siegen.

Die Stammesfrage ist nach unserer Meinung ein besonderes Problem. Wir glauben, daß die Stammesstruktur – bedingt durch die Evolution der Wirtschaft und der historischen Ereignisse in Afrika – bereits im Stadium der Desintegration war, als die Kolonialisten in Afrika ankamen. Man kann nicht sagen, daß Afrika auch heute noch tribalistisch sei. Afrika hat noch Elemente des Stammeswesens, besonders was die Mentalität der Menschen angeht, jedoch nicht in der ökonomischen Struktur. Man kann sagen, daß der Kolonialismus etwas Gutes tat: er zerstörte die Überreste des Tribalismus in großen Teilen unseres Landes.

Deshalb hatten wir keine großen Schwierigkeiten, was den Tribalismus betrifft. Wir hatten Schwierigkeiten, in unserem Volk ein Nationalbewußtsein zu schaffen, das der Kampf selbst dann aber schaffte. Jedermann, von welcher Gruppe er auch sein mochte, war schnell bereit, die Idee anzunehmen, daß wir ein Volk und eine Nation seien, die die portugiesische Fremdherrschaft beenden müssen, da wir den Kampf gegen den Kolonialismus und Imperialismus nicht theoretisch mit Klischees und unsinnigen Parolen führen, sondern vielmehr konkrete Dinge fordern. Es ist ein Kampf für Schulen und Krankenhäuser, damit die Kinder nicht leiden. Das ist unser Kampf. Ein anderes Ziel des Kampfes ist, uns vor der Welt als Volk mit einer eigenen Persönlichkeit darzustellen. Das ist die motivierende Kraft unseres Volkes. Wir wissen, daß die Spuren des Tribalismus in unserem Land durch den bewaffneten Kampf beseitigt wurden. Wir wollen nochmals hervorheben, daß die afrikanischen Völker im allgemeinen, sei es bei uns, sei es im Kongo, wo, vom tribalistischen Standpunkt gesehen, grausame Dinge passierten, keine Tribalisten sind. In Afrika herrscht die Tendenz, sich gegenseitig so gut wie möglich zu verstehen. Nur politische Opportunisten sind Tribalisten: Individuen, die europäische Universitäten besuchen, die in Brüssel, Paris, Lissabon und in anderen Hauptstädten im Café sitzen, die vollständig von den Problemen ihres eigenen Volkes gelöst sind – sie alle könnte man Tribalisten nennen, diese Individuen, die manchmal sogar auf ihr eigenes Volk herabschauen, die aber, ohne politische Praxis, versuchen, aus den manchmal noch im Volk vorhandenen schlechten Gewohnheiten Nutzen zu ziehen und so ihre opportunistischen Ziele, ihre eigenen politischen Vorstellungen zu verwirklichen, die sich nach Macht und Herrschaft drängen.

Zu unserem Kampf möchte ich noch bemerken, daß der bewaffnete Kampf nicht nur die tribalistischen Ideen, die vielleicht noch existieren, auslöscht, sondern daß er auch unser Volk vollständig umformt.

Sie sollten die Möglichkeit haben zu sehen, wie trotz der Tatsache, daß wir noch immer in Armut leben, trotz der Tatsache, daß wir noch immer nicht genügend Kleider haben und unser Essen an Vitaminen arm ist, trotz des Fehlens von Frischnahrung, Fleisch und anderen proteinhaltigen Nahrungsmitteln – all dies ist das Erbe des Kolonialismus in unserem unterentwikkelten Land – eine große Umwälzung auf vielen Gebieten vor sich geht. Und Sie sollten den neuen Menschen gesehen haben, den unser Land hervorbringt. Wenn Sie die Möglichkeit hätten, mit den Schulkindern zu sprechen, so könnten Sie sehen, daß sogar die Kinder ein politisches und patriotisches Bewußtsein haben und die Unabhängigkeit unseres Landes wünschen. Sie haben ein gemeinsames Verständnis für nationale Einheit und die Einheit des afrikanischen Kontinents.

Wir möchten auch hervorheben, daß die Frauen in unserem Land dabei sind, eine Unabhängigkeit zu erlangen, die viele vergeblich zu erreichen suchten. Sicherlich sahen Sie, wie Frauen in Dorfkomitees, in den Zonen und sogar in den interregionalen Komitees arbeiten. Diese Frauen sind sich ihrer Rolle innerhalb der Partei und ihrer Stellung bewußt, und ich kann sagen, daß es in allen Bereichen der Partei Frauen gibt.

Können Sie uns kurz sagen, wie die militärische
und politische Führung des Kampfes arbeitet?

Die politische und die militärische Führung im Kampf ist die gleiche, nämlich die politische. Wir haben es vermieden, in unserem Kampf irgend etwas Militärisches zu gründen. Wir sind politische Leute und unsere Partei, eine politische Organisation, führt den Kampf auf dem zivilen, politischen, administrativen, technischen und demzufolge auch auf dem militärischen Sektor. Unsere Kämpfer sind bewaffnete Aktivisten. Das Politbüro der Partei leitet den bewaffneten Kampf und das Leben in den befreiten wie in den unbefreiten Gebieten, wo wir auch unsere Aktivisten haben. Innerhalb des Politbüros gibt es einen Kriegsrat, der mit Leuten aus dem Politbüro besetzt ist und den Kampf leitet. Der Kriegsrat ist ein Instrument des Politbüros, der Führung des bewaffneten Kampfes.

Jede Front hat ihren Kommandanten. Für die Sektoren gibt es einen Sektor-Kommandanten, und jede Einheit der regulären Armee hat ebenfalls ihren Kommandanten. Das ist die Struktur des bewaffneten Kampfes. Die Guerillas sind in Basen zusammengefaßt und jede Base hat ihren Basenchef und einen Polit-Kommissar. Was die eigene Organisation angeht, so findet im allgemeinen alle zwei Jahre ein Parteikongreß statt, aber im Zusammenhang mit dem Kampf findet er statt, wann immer es möglich ist. Die Partei hat ein Zentralkomitee und ein Parteibüro, das die lokalen Zellen direkt leitet, das heißt, das nördliche und südliche interregionale Komitee, die Sektor- und Dorfkomitees. Das ist unsere Struktur.

In den Städten und den städtischen Zentren arbeitet die Partei im Untergrund, im allgemeinen unter der Leitung einer sehr kleinen Zahl von Leuten.

Da ja die Hilfe von außen für den nationalen Befreiungskampf, speziell in Guinea-Bissao, so wichtig ist, möchten wir wissen, welche Länder den Guerillakampf unterstützen.

Ein grundlegendes Prinzip unseres Kampfes ist, sich auf die eigenen Kräfte zu verlassen, auf unsere eigenen Opfer, unsere eigenen Anstrengungen, jedoch immer unter Beachtung der charakteristischen Unterentwicklung unseres Volkes, unseres Landes und seiner ökonomischen Rückständigkeit. Für uns ist es sehr schwierig, Waffen herzustellen. Zieht man all dies in Betracht, sowie die Tatsache, daß 99% des Volkes ungebildet sind, was die rasche Bildung von Kadern unmöglich macht, und daß der skrupellose Feind von seinen NATO-Alliierten, besonders von der USA, der Bundesrepublik Deutschland und einigen anderen Ländern und vor allem von den südafrikanischen Rassisten unterstützt wird; zieht man also all dies in Betracht, wie auch die Charakteristik unserer Zeit, das heißt den allgemeinen Kampf der Völker gegen den Imperialismus und das Vorhandensein eines sozialistischen Lagers, das die stärkste Festung gegen den Imperialismus darstellt, so sind wir bereit, von allen Völkern die Hilfe anzunehmen, die sie uns geben können. Wir verlangen nicht, daß uns Menschen geschickt werden, um gegen den Kolonialismus in unserem Land zu kämpfen und ihn zu besiegen, davon gibt es bei uns genug. Wir brauchen Waffenhilfe, Materialien erster Dringlichkeit für unsere befreiten Gebiete, Medikamente, um unsere Verwundeten zu heilen, die Kranken zu pflegen und um die Bevölkerung in den befreiten Gebieten medizinisch zu versorgen. Wir bitten um jede Hilfe, die ein Volk uns gewähren kann. Verschiedene Länder bitten wir um die Schulung unserer Kader. Die Ethik unserer Hilferufe ist folgende: wir fragen nie nach der Hilfe, die wir benötigen. Wir erwarten, daß jedermann bewußt das geben wird, was unserem Volk in seinem Kampf für die nationale Unabhängigkeit zugute kommt. Über alle diese Hilfe möchte ich diejenige Afrikas stellen. Durch die OAU hat Afrika uns einige Hilfe zukommen lassen. Wir meinen jedoch, daß diese Hilfe nicht genügt, um unsere wirklichen Bedürfnisse zu decken und um die Entwicklung unseres Kampfes zu sichern, der heute ein richtiger Krieg gegen einen Feind ist, der die mächtigsten Waffen besitzt, um sie gegen uns einzusetzen. Beispielsweise sendet die Bundesrepublik Deutschland sogar Flugzeugtechniker, um die Portugiesen in Bissao auszubilden, darüber hinaus werden verwundete Portugiesen in Deutschland behandelt, um dem portugiesischen Volk zu verbergen, wie viele wirklich in unserem Land verwundet werden.

Unserer Meinung nach ist die Hilfe Afrikas gut, jedoch ungenügend. Wir hoffen deshalb, daß die afrikanischen Völker und Länder über die OAU ihre Hilfe verstärken können, die finanzielle wie die materielle.

Was das Finanzielle anbetrifft, so möchte ich sagen, daß unsere Ausgaben heute enorm sind. Allein an Benzin benötigen wir 40 000 Liter, um die Kampffronten zu versorgen. All dies bedingt große Ausgaben, und bis heute haben wir nicht die Mittel erhalten, um die Kriegskosten zu decken, während Portugal zusätzlich zu seinem Staatsbudget große Summen in Dollars, D-Mark und Pfund von seinen Alliierten erhält.

Wir möchten im Zusammenhang mit Afrika noch erwähnen, daß uns einige Staaten bilaterale Hilfe gewähren. Die größte Hilfe erhalten wir von der Republik Guinea, das ist die größte Erleichterung für unseren Kampf. Algerien hilft uns, ebenso die Vereinte Arabische Republik (Ägypten). Zu Beginn unterstützte uns auch Marokko, und wir können nicht verstehen, weshalb es uns diese Hilfe heute nicht mehr gibt.

Andere Länder helfen uns. So etwa Tanzania, das nun dem Volk von Moçambique beisteht, und die Volksrepublik Congo (Brazzaville), die den Angolanern und auch uns hilft.

Wir möchten besonders die Hilfe erwähnen, die uns von sozialistischen Ländern zukommt. Wir glauben, daß diese Hilfe eine historische Verpflichtung ist, da wir unseren Kampf auch als Verteidigung der sozialistischen Länder betrachten. Als erstes möchten wir die Sowjetunion nennen, China, die Tschechoslowakei, Bulgarien und andere sozialistische Länder, deren Hilfe wir als sehr nützlich für die Entwicklung unseres bewaffneten Kampfes betrachten. Wir möchten auch die großen unermüdlichen Anstrengungen – Opfer, die wir nie vergessen werden – erwähnen, die das kubanische Volk unserem Kampf entgegenbringt – ein Land ohne große Bodenschätze, das gegen die Blokkade der USA und anderer Imperialisten kämpft. Für uns bedeutet das eine ständige Quelle der Ermutigung und es trägt dazu bei, die Solidarität zwischen unserer Partei und der kubanischen Partei zu festigen, zwischen unserem Volk und dem Volk Kubas, das wir als ein afrikanisches betrachten. Es genügt, die geschichtlichen, politischen und ethnischen Verbindungen zu sehen, die uns einen, um dies zu verstehen Aus diesem Grund sind wir glücklich über die Hilfe, die das kubanische Volk uns gibt, und wir sind sicher, daß es fortfahren wird, uns in unserem nationalen Befreiungskampf zu helfen.

Im Moment gibt es ein sehr brennendes Problem,
die Nahost-Krise, die israelische Aggression gegen die
arabischen Völker. Wie stellt sich die PAIGC dazu?

Unser Grundsatz ist, die rechte Sache zu verteidigen. Wir sind für Frieden, menschlichen Fortschritt und Freiheit für die Völker. Deshalb glauben wir, daß die durch die Imperialisten bewirkte Gründung des Staates Israel darauf abzielt, ihre Herrschaft im Nahen Osten zu sichern, daß sie künstlich war, und daß damit in dieser wichtigen Region der Welt Probleme geschaffen werden sollten. Dies ist unsere Position: Das jüdische Volk hat in verschiedenen Ländern der Welt gelebt. Wir verurteilen aufs heftigste das, was die Nazis dem jüdischen Volk angetan haben, daß Hitler und seine Lakeien über sechs Millionen Juden während des letzten Weltkrieges umgebracht haben. Aber wir akzeptieren nicht, daß sie dadurch das Recht haben, einen Teil des arabischen Territoriums zu besetzen. Wir glauben, daß die Palästinenser ein Recht auf ihre Heimat haben. Deshalb meinen wir, daß alle Maßnahmen der arabischen Völker, der arabischen Nation, gerecht sind, um die Heimat der Palästina-Araber zurückzugewinnen.

In diesem Konflikt, der den Weltfrieden bedroht, stehen wir hinter dem arabischen Volk und unterstützen es bedingungslos. Wir wollen keinen Krieg, aber wir wollen, daß die arabischen Völker die Freiheit für das palästinensische Volk herbeiführen, daß sie Arabien von diesem störenden Element und der Herrschaft Israels befreien...

Was ist Ihre Meinung zum revolutionären Kampf
in Lateinamerika?

Aufgrund unserer festen Stellung auf Seiten des Volkes verstehen wir, daß auch die Völker Lateinamerikas enorm gelitten haben. Die ›Unabhängigkeit‹ der Völker Lateinamerikas war eine Schande. Die Völker Lateinamerikas konnten sich nie ihrer Freiheit erfreuen. Es wurden Regierungen gebildet, die vollständig dem US-Imperialismus untertan waren. Wir alle wissen, daß die Monroe-Doktrin der Ausgangspunkt der USA zur Herrschaft über ganz Lateinamerika war. Das bedeutet, daß die lateinamerikanischen Völker, die dem spanischen Joch unterworfen waren – oder im Fall Brasiliens dem portugiesischen –, trotz einer eigenen Regierung unter das imperialistische Joch kamen. Das bedeutet eine fiktive politische Unabhängigkeit.

Heute sind die Völker Lateinamerikas – deren Entwicklung einen höheren Stand als die der afrikanischen erreicht hat, deren Klassenunterschiede klarer definiert sind und dementsprechend auch die Haltung des einzelnen entschiedener ist in bezug auf die wirkliche Unabhängigkeit – entschlossen, und sie zeigen es auch in der Praxis, alle notwendigen Mittel zu gebrauchen, um eine echte nationale Unabhängigkeit zu erkämpfen. Alles was wir tun können ist, den Völkern Lateinamerikas die größte Hilfe zuzusagen. Wir verfolgen mit großem Interesse die Entwicklung neuer Guerilla-Foci in Lateinamerika. Wir hoffen, daß sie sich mit jedem Tag weiterentwickeln und daß ihre Führer Entschlossenheit in diesem Kampf zeigen werden.

Wir glauben, daß jedes Volk und jeder Führer frei sein sollte, den Weg des Kampfes zu wählen, der ihm am besten paßt. Aber wir hoffen auch, daß jedes Volk und jeder Führer den Augenblick erkennt, wo der richtige Moment zum Kampf gekommen ist, denn der Feind kämpft immer mit allen Mitteln, die er zur Verfügung hat. Es wird sicher Auseinandersetzungen darüber geben, ob man einen bewaffneten Kampf führen soll oder nicht. Im Zusammenhang mit der nationalen Befreiung stellt sich die Frage nach dem bewaffneten oder unbewaffneten Kampf nicht. Für uns gibt es nur den bewaffneten Kampf. Es gibt zwei Arten des bewaffneten Kampfes: den bewaffneten Kampf, in dem die Menschen mit leeren Händen, unbewaffnet kämpfen, während die Kolonialisten bewaffnet sind und unser Volk töten, und den bewaffneten Kampf, in dem wir beweisen, daß wir nicht verrückt sind, sondern selbst die Waffen erheben, um gegen die kriminellen Waffen der Imperialisten zu kämpfen.

Wir glauben, daß die Völker Lateinamerikas das schon begriffen haben und durch das Ergreifen der Waffen und die Auslösung ihres Kampfes gegen die reaktionären und imperialistischen Kräfte, die Lateinamerika heimsuchen, ihren klaren Blick zeigen.

Mitteilung an das portugiesische Volk*

Die Konferenz von Khartoum stellt für uns eine neue Etappe in unserem Kampf um die öffentliche Meinung dar. Nie zuvor gab es eine Veranstaltung dieser Art, die zum Ziel hatte, die Vertreter antiimperialistischer Meinungen, vor allem aus Europa und Amerika, über die Fortschritte in unserem Kampf, die konkrete Lage in unseren Ländern und über die negativen und kriminellen Methoden der portugiesischen Kolonialverwaltung zu informieren.

Wir sind davon überzeugt, daß die Konferenz ihren Zweck erfüllen wird. Von nun an wird die besser informierte öffentliche Meinung eher in der Lage sein, konkretere Schritte zu unternehmen, um ihre Solidarität mit dem Kampf der afrikanischen Bevölkerung in den portugiesischen Kolonien zu demonstrieren.

Zur Freilassung von drei portugiesischen Kriegsgefangenen durch die PAIGC möchte ich bemerken, daß für unser Volk in Guinea und auf den Kapverdischen Inseln und für unsere Kämpfer die an Weihnachten erfolgte Freilassung von drei weiteren portugiesischen Kriegsgefangenen nichts Neues ist und im Rahmen unserer Politik liegt. Wir haben immer erklärt, daß wir das portugiesische Volk nicht mit dem portugiesischen Kolonialismus verwechseln. Im März 1968 ließen wir drei Kriegsgefangene frei, zu Weihnachten hielten wir es für richtig, drei weitere freizulassen. Diese Geste gegenüber dem portugiesischen Volk beweist auch der Welt, daß die portugiesische Regierung lügt, wenn sie behauptet, wir seien Banditen, Terroristen und ein wildes Volk.

Wir drückten den drei freigelassenen Gefangenen unseren Wunsch aus, daß sie zu ihren Familien zurückkehren und mit ihnen über uns sprechen, damit auf diesem Weg trotz der Verbrechen der Kolonialverwaltung die Verbindungen zwischen unserem Volk und dem portugiesischen Volk aufrechterhalten werden.

Natürlich muß eine Regierung in einer Situation wie der der portugiesischen Regierung lügen, sehr viel lügen. Wir können das verstehen, aber nicht billigen.

Wenn in den Kriegsbulletins der faschistischen Regierung versucht wird, die Existenz von Gefangenen zu verheimlichen und behauptet wird, die Soldaten seien gestorben oder verschwunden, und wenn diese Soldaten dann ›unerklärlicherweise‹ wie-

---

* Deklaration von Radio ›Voz de Liberdade‹, Khartoum, Sudan, im Januar 1969.

der auftauchen, so kann aus derartigen Lügen nur geschlossen werden, daß sogar die portugiesische Regierung kein Vertrauen in ihr eigenes Volk hat, dem sie große Lügen erzählt, und daß sie auch den jungen Männern, die unter großen Opfern, unter Lebensgefahr und ohne Ruhm in einem kriminellen Krieg in unserem Lande kämpfen, nicht vertraut.

Wir sind der Ansicht, daß ein Kriegsgefangener Respekt verdient, denn er gibt für eine gerechte oder ungerechte Sache sein Leben. Deshalb rufen wir das Volk von Portugal und alle Patrioten auf, die Regierung aufzufordern, ihr eigenes Volk zu respektieren und das Minimum der internationalen Normen zu beachten, die die Situation der Kriegsgefangenen regeln.

Viele Leute haben erwartet, daß die finstere Politik Salazars durch die jetzige portugiesische Regierung einige Änderungen erfahren werde, vor allem was die Respektierung internationaler Gesetze und die Beachtung der Interessen des portugiesischen Volkes angeht.

Salazar, dessen Geist den Realitäten der heutigen Welt vollständig verschlossen war, machte eine Politik, die ihn in den enormen Graben der Kolonialkriege führte. Aber Marcelo Caetano war nicht gezwungen, in den gleichen Graben zu fallen; seine Weiterführung der Kolonialpolitik Salazars ist bewußt und absolut kriminell. Marcelo Caetano muß ›historias do arco-da-velha‹ (fantastische Geschichten) erfinden, wie die Portugiesen sagen.

Die Geschichte z. B., daß wird den Auftrag hätten, in Guinea eine Base zu schaffen, um dann die Kapverden anzugreifen und sie den Kommunisten zu übergeben, bedeutet, daß Marcelo Caetano noch immer glaubt, er könne dem portugiesischen Volk Lügen erzählen. Wir sind jedoch sicher, daß sich das portugiesische Volk nicht belügen läßt; und wir und die portugiesischen Patrioten sind hier, um diese Sachen richtigzustellen.

Wir kämpfen, um Guinea und die Kapverden wirklich zu befreien und um unseren Leuten die Möglichkeit zu geben, ihre Zukunft selbst zu bestimmen. Wenn wir die Waffen ergriffen haben, um gegen den portugiesischen Kolonialismus, gegen die Fremdherrschaft in unserem Land zu kämpfen, so nicht deshalb, um unser Land später jemand anderem zu übergeben. Wir wiederholen, was wir schon viele Male versichert haben: wir wollen unser Land befreien, um ein neues Leben der Arbeit, der Gerechtigkeit, des Friedens und des Fortschritts zu schaffen, in Zusammenarbeit mit allen Völkern der Welt und vor allem mit dem portugiesischen Volk.

Was Marcelo Caetano fürchtet, ist, daß sein Volk erfahren könnte, daß Guinea und die Kapverden Teil eines freien und unabhängigen Afrikas sein werden, das offen und loyal mit dem portugiesischen Volk zusammenarbeiten könnte. Während wir für die vollständige Unabhängigkeit unseres Landes kämpfen, achten wir darauf, ein von uns als wichtig betrachtetes Ziel nicht zu vergessen, nämlich die brüderliche Zusammenarbeit mit dem portugiesischen Volk.

Wenn Marcelo Caetano sagt, daß Guinea um jeden Preis verteidigt werden muß, so meint er mit dem Preis das Leben der jungen Portugiesen, die er in den Tod sendet wie schon die vielen anderen, die getötet oder verwundet wurden. Wir wissen, daß die portugiesische Kolonialverwaltung weitere zehn-, fünfzehn-, ja sogar zwanzigtausend Mann — wie sie selbst sagt — in unser Land senden wird. Wieviele sie auch senden, die portugiesische Regierung wird sie in den Tod senden. Aus diesem Grund muß sich das portugiesische Volk dieser Politik widersetzen und die Rückkehr seiner Söhne verlangen, die für eine ungerechte Sache sterben, während in ihrem eigenen Land viele Hände fehlen, um das Land zu bestellen, um Portugal aufzubauen und, wie die Poeten sagen, um die Heimat wiederzuentdecken.

Wir wissen — und ich rede als Techniker —, daß Portugal die Möglichkeiten hat, all seinen Söhnen ein würdiges Leben zu bieten. Das heißt, daß die Portugiesen ihr eigenes Land mit Anstrengungen und Opfern verteidigen müssen, und in absehbarer Zeit werden sie mit uns von Guinea und den Kapverden zusammenarbeiten. Wir werden uns brüderlich die Hand reichen auf der Grundlage der Geschichte, der Freundschaft und all dessen, was uns gemeinsam ist.

Zu den Demonstrationen gegen die Kolonialkriege, die kürzlich in Portugal stattfanden, müssen wir sagen, daß wir sie sehr begrüßen und mit Interesse verfolgen. Wir haben unserem Volk und unseren Kämpfern immer gesagt, daß das portugiesische Volk ein wertvolles Volk ist, das zur Geschichte der Entwicklung der Menschheit schon sehr viel beigetragen hat.

Wir möchten betonen, daß die Haltung der Studenten und des Volkes während der letzten Demonstrationen, in der Kirche von S. Domingos und bei der Verbrennung von Antonio Sergio, eine Quelle der Ermutigung sein sollte und eine Festigung der Tatsache, daß es zwischen dem Volk von Portugal und dem unsrigen keine Zwietracht gibt, sie nie gegeben hat und sie auch nie geben wird. Nie wird man diese beiden Völker trennen können, welche Verbrechen die Kolonialisten auch immer begehen mögen; in der Zukunft werden die Völker Hand in Hand zusammenarbeiten.

Marcelo Caetano hätte nach seiner Machtübernahme von Salazar die Kolonialkriege beenden sollen, er tat es nicht. Wir sind jedoch sicher, daß diese Tat vom portugiesischen Volk vollbracht werden wird, durch die Arbeiter und Bauern, durch die jungen Leute, durch die progressiven und antikolonialistischen Intellektuellen, durch alle diejenigen, die Portugal wirklich lieben und respektieren und die wissen, daß der Kampf gegen die Kolonialkriege bedeutet, Portugal zu bewahren vor Not, Ruin und der Gefahr, selbst durch die Kolonialkriege die Unabhängigkeit zu verlieren.

Die Macht der Waffen*

Die portugiesische Kolonialherrschaft in Guinea

Guinea und die Kapverdischen Inseln gehörten zu den ersten europäischen Kolonien in Afrika. Man kann sagen, daß Guinea die allererste war. Nach der Konferenz von Berlin (1884/85, d. Hrsg.), auf der Afrika unter den damaligen Kolonialmächten aufgeteilt wurde, hatte man mit der ›effektiven‹ Besetzung der afrikanischen Territorien begonnen. Zu diesem Zeitpunkt befanden sich bereits Portugiesen auf den Kapverdischen Inseln und in Guinea. Diejenigen, die die Kapverdischen Inseln besetzt hatten und versuchten, sie auszubeuten, trugen den Namen ›Beschenkte‹ . . .

In Guinea verlief die Kolonialisierung über Handelsniederlassungen und Versuche, in das Innere des Landes einzudringen.

Nach der Konferenz von Berlin ging Portugal daran, Guinea wirksamer zu besetzen. Das forderte unmittelbare Reaktionen der einheimischen Bevölkerung heraus. Zuerst waren es die Küstenbewohner, vor allem die Mandjacken und die Papei in der Zone, die heute die Insel Bissao darstellt, die der portugiesischen Besetzung Widerstand leisteten. Später schlossen sich auch die Balante, etwas weiter im Landesinnern die Foulah, die Mandingues und praktisch die ganze Bevölkerung unseres Landes an. Die ›Befriedungskriege‹, wie sie die Portugiesen genannt haben, dauerten nahezu ein halbes Jahrhundert. Während dieser Zeit verging, wie Texeira da Mota sagte, kaum ein Tag ohne Zwischenfälle zwischen unseren Leuten und den Portugiesen.

Wir kennen alle Spaltungsmanöver, die von den Portugiesen benutzt wurden, um die verschiedenen Stämme, einen nach dem anderen, zu beherrschen. Sie haben alle Widersprüche zwischen den verschiedenen ethnischen Gruppen ausgenützt. Sie haben sich auch zu Handlungen hinreißen lassen, die wir selbst aus ihrer Sicht als widersprüchlich betrachten müssen, und es ist ihnen immer geglückt, den einen oder anderen einflußreichen Afrikaner zu finden, der sich in den Dienst ihrer Sache stellte. Aber die Wahrheit steht nicht nur in den Annalen der Geschichte, sondern sie hat sich im Denken des Volkes eingeprägt. Seine große Widerstandsfähigkeit bewirkte, daß der portugiesische Kolonialismus seine berüchtigten Befriedungskriege erst 1917 offiziell beenden konnte. In Wirklichkeit

* Aufsatz in ›Tricontinental‹, Ed. française, Heft 3/1969.

gingen sie erst 1936 zu Ende, als es den Portugiesen gelang, die letzten Widerstandskämpfer der Bijagues, die trotzdem ihre Waffen nicht ausgeliefert hatten, zu täuschen; Leute aus ihrer Umgebung hatten sie verraten und ausgeliefert.

Diese Tradition des Widerstandes zeichnet in entscheidender Weise unseren nationalen Befreiungskampf aus. In den dreißiger Jahren begann Portugal – nachdem dort die Herrschaft des Faschismus errichtet war –, seine Verwaltung in Guinea aufzubauen. Die Tatsache, daß die portugiesische Politik in dem Augenblick von einer faschistischen Diktatur bestimmt wurde, da unser Volk tatsächlich von Portugal verwaltet zu werden begann, charakterisiert augenfällig die politische Situation unseres Landes vor dem nationalen Befreiungskampf.

Ein anderer wichtiger Aspekt der Kolonialisierung unseres Landes, der auch auf andere portugiesische Kolonien zutrifft, ist die unterentwickelte Situation Portugals. Der ökonomische, soziale und kulturelle Rückstand Portugals hat auch einen Rückstand in der Entwicklung unseres Landes zur Folge, auch in bezug auf die kulturelle Entwicklung unseres Volkes. Dadurch entstanden spezifische Bedingungen, unter denen sich die jüngere politische Entwicklung in unserem Land vollzogen hat. Ich werde die anderen Aspekte der portugiesischen Kolonialisierung nicht anführen, aber ich möchte darauf hinweisen, daß zwar einerseits die sich aus dem unterentwickelten Milieu Portugals ergebenden besonderen Bedingungen das Zusammenleben zwischen Europäern und Afrikanern begünstigt haben – was beispielsweise in den englischen Kolonien nicht der Fall war –, daß aber andererseits der portugiesische Kolonialist und selbst der Verwalter immer einen großen Mangel an Beachtung und Respekt gegenüber der afrikanischen Persönlichkeit, gegenüber der afrikanischen Kultur gezeigt haben: oft aus Unwissenheit, manchmal weil sie falsch informiert waren, aber fast immer aus Herrschsucht. Es genügt zu sehen, wie andere imperialistische Staaten Europas (besonders Frankreich, England und Belgien) afrikanische Kunstwerke angesammelt haben; sie haben der umfassenden Kenntnis der künstlerischen Begabung und der Kultur des Afrikaners allgemein – den Religionen Afrikas, seinen philosophischen Vorstellungen, das heißt der Art und Weise, mit der der Afrikaner die Wirklichkeit der Welt und die kosmische Wirklichkeit zu begreifen sucht – die Tür geöffnet. In Portugal hat sich nichts dergleichen ereignet. Sei es, weil der Kolonialist, den man zu uns schickte, im allgemeinen ungebildet war, sei es, weil sich die Intellektuellen niemals dafür interessiert haben – der Portugiese kennt den Afrikaner nicht, obwohl Portugal das europäische Land ist, das die meisten Kolonien in Afrika besitzt.

Das hat auch in unserem Kampf eine Rolle gespielt, denn in der feindlichen Gegenüberstellung wurde sich der Portugiese bewußt, daß wir nicht so waren, wie er sich uns vorstellt, und so hat er einen neuen Afrikaner entdeckt, dessen Existenz er nie vermutet hatte. Wir können sagen, daß dies im allgemeinen Zusammenhang unseres Kampfes eine weitere Überraschung war, die wir beim Feind hervorgerufen haben. Es hat bei uns (sowohl in Guinea wie auf den Kapverdischen Inseln) nach dieser Periode, die ich gerade erwähnte, Ansätze des politischen Widerstandes gegen den portugiesischen Kolonialismus gegeben. Es wurden Gruppen, Gewerkschaften, Freundeskreise etc. geschaffen, die nationalistische Tendenzen hatten. Aber man darf sich keine Illusionen machen. Diese nationalistischen Gruppen überschritten nie den städtischen Rahmen; das heißt, sie beschränkten sich auf das Kleinbürgertum, das zur Welt Kontakte hatte und sich von der Gegenwart des portugiesischen Kolonialismus täglich gedemütigt fühlte. Aber das Problem des Nationalismus stellte sich in Wirklichkeit noch nicht für das ganze Land; dessen sind wir uns voll bewußt. Überall, besonders in Guinea, erhielten sich die Stammesmerkmale. Wenn die Stämme als Resultat des portugiesischen Kolonialismus ökonomisch auch völlig zerfallen waren, versuchten die Portugiesen andererseits, ihre Oberflächenstruktur aufrechtzuerhalten, um unser Volk besser zu beherrschen. Wir können sagen, daß erst aus der Gesamtheit der neuen Beziehungen und der neuen Phänomene, die sich in unserem Land herausbildeten (besonders der Geldverkehr, der viel intensivere Warenaustausch, die Bevölkerungsbewegungen), ein nationales Bewußtsein sich zu entwickeln begann. Es ist wichtig, das festzuhalten, um sich die Schwierigkeiten unseres Kampfes und die konkreten Bedingungen unseres Landes vorstellen zu können.

Beginn des Widerstands

Ein wichtiger Augenblick in der Situation unseres Landes vor dem bewaffneten Kampf war das Ende des zweiten Weltkrieges. Dieser äußere Faktor hat die Welt mit Hoffnung erfüllt, und unsere Kleinbourgeoisie ist davon nicht unberührt geblieben. Zu jener Zeit sind junge Leute aus den verschiedenen portugiesischen Kolonien nach Portugal gekommen und haben die Notwendigkeit, sich dem Unterdrücker gegenüber zusammenzuschließen, geahnt. Diese jungen Leute haben die notwendigen Wege gefunden, sich gemeinsam dem Studium ihrer Länder zu widmen, und sie haben begonnen, gemeinsam an einen Weg zu denken, der ihren Völkern nutzen könnte. Diese wichtige Tatsache gab unserem Kampf gegen den portugiesischen Kolonialismus seinen Charakter. Er hat als Kampf der Völker der portugiesischen Kolonien gegen den portugiesischen Kolonialismus begonnen, als Kampf jedes dieser Völker.

Ein anderer wichtiger Faktor war die Tatsache, daß diese Leute gemeinsam gearbeitet hatten und in der Lage waren, in ihr Land zurückzukehren, nachdem sie ihr Studium beendet hatten. In den Kolonien selbst – ich spreche vor allem von meinem Land – gab es Gruppen von Jugendlichen, die dabei waren, sich der Notwendigkeit einer Veränderung bewußt zu werden.

Bevor wir den afrikanischen Kampf begannen, beschlossen wir, afrikanische Organisationen zu gründen. 1954 begannen wir mit der Schaffung von Freizeitgruppen; es war zu jener Zeit unmöglich, ihnen einen politischen Charakter zu geben, weil der Kolonialismus politische Gruppen sofort verbot. Dies bewies den großen Massen unserer Jugend, die sehr begeistert von dieser Idee gewesen waren, daß die Afrikaner unter der Herrschaft der Portugiesen keinerlei Rechte besaßen. Das gab uns mehr Mut für andere Aktionen, um neue Ideen zu verbreiten und um den Kampf voranzutreiben. Bevor dieser in sein entwickeltes Stadium eintrat oder genauer, bevor er die Form des bewaffneten Kampfes annahm, war 1956 das entscheidendste Jahr für uns. In diesem Jahr beschlossen wir während eines Besuches, den ich bei meiner Familie machte (ich war damals verbannt), illegal unsere Partei zu gründen. Das heißt, daß der Höhepunkt vor dem bewaffneten Kampf erreicht war, als wir zu der Überzeugung kamen, daß wir nur noch in der Illegalität arbeiten konnten. Nach der Gründung der Partei am 19. 9. 1956 gab es einen anderen Augenblick von großer Wichtigkeit. Im Jahr 1959 begingen die Portugiesen das Massaker von Pidjiguiti, das bei der ganzen Bevölkerung von Guinea und den Kapverdischen Inseln große Empörung hervorrief. Dies war ein entscheidender Augenblick, weil er bewiesen hat, daß die Partei eine falsche Linie verfolgte und daß sie keinerlei Erfahrung hatte. Zu jener Zeit wußte die Partei nicht, was in der Welt geschah, und wir waren deshalb gezwungen, auf dem Weg unserer praktischen Erfahrungen voranzuschreiten. Erst 1961 lernte ich das Werk Mao Tsetungs kennen. Der Mangel an Erfahrung ließ uns glauben, in den Städten mit Hilfe von Streiks und anderen Aktivitäten kämpfen zu können, aber wir irrten uns, und die Realität bewies es uns.

Nach der Unabhängigkeit der Republik Guinea entstanden 1958 weitere kleine Gruppen, und 1959 gelang es der Partei, sie eng um sich zu sammeln. Es gab nur noch eine einzige Organisation, und niemand berief sich mehr auf eine andere Gruppe. Das war ein Beweis des Vertrauens, das die Leute in die

Führung der Partei hatten. Im September 1959, etwas mehr als einen Monat nach dem Massaker von Pidjiguiti, hielten wir in Bissao eine Geheimkonferenz ab, die eine völlige Veränderung des Charakters unseres Kampfes bewirkte. Damals begannen wir, uns auf den bewaffneten Kampf vorzubereiten, und beschlossen, auf das Land vorzudringen. Der Vorsitzende der Partei, Genosse Rafael Barbosa, war selbst der erste, der ins Maquis (Mato – wie wir sagen) ging, um die Menschen zu mobilisieren und Parteikader zu schaffen. Unsere aktiven städtischen Mitglieder begaben sich ebenfalls dorthin: Arbeiter, kleine Angestellte etc. Alle gaben auf, was sie hatten, und gingen ins Mato, um die Bevölkerung zu mobilisieren.

Ein anderes wesentliches Moment war das Vorgehen der Partei im August 1961, um den Kampf der Angolaner in unseren Provinzen zu unterstützen. Wir führten einige wichtige Sabotageakte durch. Daraufhin entfesselten die Portugiesen eine große Unterdrückungswelle gegen unsere Leute, die die Widersprüche zwischen uns und ihnen noch verschärfte und unaufhaltsam zum bewaffneten Kampf trieb. Die von den Portugiesen ausgelöste Unterdrückungskampagne – in deren Verlauf der Genosse Rafael Barbosa verhaftet wurde – konnte unseren Willen zur Befreiung nicht schwächen. Im Gegenteil, sie hat unseren Willen noch gestärkt, den Kampf voranzutreiben und den Portugiesen zu beweisen, daß uns nichts aufhalten kann. Anfang 1961 gelang es den Portugiesen, 20 Mitglieder der Partei zu verhaften, unter denen sich auch Fernando Fortes und Epifanio befanden. Einige von ihnen waren leitende Kader der Partei. Die große Bewegung, die daraufhin entstand, zwang die Kolonialisten, sie vor Gericht zu stellen und die meisten von ihnen wieder freizulassen. Das hat unser Ansehen sehr gestärkt und trug dazu bei, die Idee des Kampfes noch tiefer in unserem Volk zu verankern.

Die Mobilisierung

Als Konsequenz hieraus beschloß die Partei, die Existenz der unabhängigen Länder oder zumindest eines uns benachbarten unabhängigen Landes auszunutzen. Wenn auch die inneren Faktoren entscheidend sind, so darf man die äußeren Faktoren nicht vernachlässigen. Die Existenz der benachbarten Republik Guinea ermöglichte es, daß einige Führer unserer Partei sich dort vorübergehend niederlassen konnten, um Bedingungen zu schaffen, die den Kampf begünstigten. Wir konnten dort eine politische Schule zur Ausbildung der Kader gründen. Das war für unseren Kampf entscheidend. 1960 gründeten wir in Conakry unter sehr schlechten Bedingungen diese Schule, in die wir zuerst die aktiven Mitglieder aus den Städten schickten, um sie politisch auszubilden und sie zu befähigen, unser Volk für den Kampf zu mobilisieren.

Zunächst waren es Genossen aus der Stadt, die in diese Schule kamen, danach begannen junge Bauern zu kommen – einige mit ihrer Familie und ihrem ganzen Hab und Gut.

Sie waren von Parteikadern mobilisiert und überzeugt worden. Es kamen beispielsweise zehn, zwanzig, fünfundzwanzig Personen für eine Periode von einem oder zwei Monaten. Während dieser Zeit gaben wir ihnen eine intensive Ausbildung und diskutierten mit ihnen bis spät in die Nacht. Oft konnten wir kaum mehr reden, weil wir vollkommen heiser waren. Einige Kader erklärten ihnen die Situation. In unserer Arbeit gingen wir jedoch noch viel weiter.

In dieser Schule probten wir die zukünftige Arbeit wie in einem Theater. Wir stellten uns die Mobilisierung der Bevölkerung in einer ›tabanka‹ (einem Dorf) vor und zogen dabei die sozialen Verhältnisse, die Religion – alle Gewohnheiten unserer Bauernbevölkerung – in Betracht.

Ich möchte die besondere Situation auf dem Land nochmals betonen. Man spricht von den Bauern, aber der Begriff ›Bauer‹ ist sehr unbestimmt. Der Bauer, der in Algerien gekämpft hat, ist nicht unser Bauer, der Bauer, der in China gekämpft hat, ist nicht unser Bauer. Bei uns hat sich der portugiesische Kolonialist kaum Ländereien angeeignet. Er gründete keine landwirtschaftlichen Betriebe, wie er es etwa in Angola getan hat, sondern ließ unsere Landleute den Boden selbst bearbeiten. Er schuf auch keine Konzentration von Siedlern wie in Angola, wo er große Massen von Afrikanern vertrieb, um an ihre Stelle europäische Siedler zu setzen. Wir haben trotz des Kolonialismus eine Grundstruktur bewahrt: das Land als kollektives Eigentum des Dorfes. Das ist eines der charakteristischsten Merkmale unserer Bauernschaft. Die Bauern wurden nicht unmittelbar, sondern durch den Handel, durch den Unterschied zwischen den Preisen und dem Wert der Ware ausgebeutet. Dort fand die Ausbeutung statt, nicht in der unmittelbaren Arbeit, wie es in Angola mit den Vertragsarbeitern und zum Beispiel auch mit den Angestellten der Gesellschaften der Fall war. Das stellte für unseren Kampf ein schwieriges Problem dar: Wir mußten den Bauern beweisen, daß sie auf ihrem eigenen Grund und Boden ausgebeutet wurden.

Wir konnten unsere Leute nicht dadurch mobilisieren, daß wir ihnen sagten: »Das Land muß dem gehören, der es bebaut«. Hier mangelt es nicht an Land. Es gibt soviel Land, wie man braucht. Wir mußten also angemessene Formen finden, um unsere Bauernschaft zu mobilisieren, und alle Begriffe vermeiden, die unsere Leute noch nicht verstehen konnten. Wir mobilisierten unsere Leute niemals mit Parolen wie ›Kampf gegen den Kolonialismus‹. Das hatte keinen Sinn; vom Kampf gegen den Imperialismus zu sprechen, nützte nichts. Stattdessen sprechen wir eine direkte und allgemeinverständliche Sprache: Warum kämpfen wir? Wer bist du? Wer ist dein Vater? Was ist mit deinem Vater -bisher geschehen? Was ist los? Wie ist die Situation? Hast du schon deine Steuern bezahlt? Hat dein Vater schon seine Steuern bezahlt? Was hast du von diesen Steuern gesehen? Was bekommst du für deine Erdnüsse? Hast du daran gedacht, was deine Erdnüsse dir einbringen, und was sie dich und deine Familie an Arbeit gekostet haben? Wer ist ins Gefängnis gekommen? Hat man dich ins Gefängnis geworfen? Auf dieser Grundlage vollzog sich die Mobilisierung.

Du wirst beim Straßenbau arbeiten? Wer stellt die Arbeitsmittel? Du stellst sie. Wer sorgt für die Verpflegung? Du bist es. Aber wer fährt auf der Straße? Wer hat ein Auto? Und deine Tochter ist von so einem vergewaltigt worden – findest du das gut?

Um bestimmte Teile der Bevölkerung zu mobilisieren, bedienten wir uns auch einiger konkreter Fälle, die die Leute kannten: Fälle, wo die Individuen durch die Verbrechen des Kolonialismus aufgerüttelt worden waren, obwohl sie vom portugiesischen Kolonialismus als solchem noch keinen klaren Begriff hatten. In unserer Agitation vermieden wir alle Phrasen. Wir gingen ins Detail, aber wir haben vor allem darauf geachtet, daß unsere Leute, die sich auf die Mobilisierung vorbereiteten, sich intensiv einprägten, was sie zu sagen hatten. Ausgehend von der konkreten Realität unseres Volkes hielten wir diesen Aspekt für sehr wichtig. Wir vermieden auch, bei den Bauern den Eindruck hervorzurufen, wir seien Fremde, die sie bevormunden wollten. Wir versetzten uns in die Lage unserer Leute, die zu den Bauern gehen, um ihnen nach und nach klar zu machen, daß sie schrecklich ausgebeutet werden, und daß sie es sind, die alles bezahlen – auch die Gewinne der Leute, die in der Stadt leben. Das ist für uns ein Beweis dafür, daß jedes Volk sein eigenes Konzept für die Mobilisierung finden muß.

Die Erfahrung, die wir auf dem Land gemacht haben, lehrt uns, daß man viel Geduld haben muß, um die ländlichen Massen für den Kampf zu gewinnen. Unter unseren gegebenen Bedingungen muß die erste Phase der Mobilisierung durch Leute erfolgen, die sich in die bäuerliche Welt einpassen können. Nach diesem ersten Fußfassen müssen die Bauern den Rest der Landbevölkerung selbst mobilisieren und organisieren. Wir dürfen behaupten, daß unsere Bauernschaft keineswegs ein grundlegend revolutionäres Element darstellt. Die Bauern sind die wesentliche physische Kraft unseres Kampfes, aber nicht – und vor allem zu jener Zeit nicht – die wesentliche revolutionäre Kraft.

Diese fanden wir in städtischer Umgebung: sowohl unter den Lohnarbeitern in den Häfen, auf den Schiffen, in den Reparaturwerkstätten etc., wie auch unter der Kleinbourgeoisie, die sich der Unterdrückung unseres Landes bewußt war. Sie waren es, die nach vielen Schwierigkeiten die Bauernschaft dazu gebracht haben, sich der Revolution anzuschließen.

Zum andern haben wir den am meisten ausgebeuteten Schichten sowohl in den Städten wie auch auf dem Land stets die größte Bedeutung zugemessen. Wir machten eine genaue Analyse der Sozialstruktur unseres Volkes, um jede Schicht in Bezug auf den Kampf einordnen zu können und um zu wissen, wie man sich diesen verschiedenen Schichten gegenüber verhalten muß.

Zweifellos waren unsere Vorstellungen nicht ohne Irrtümer; ein Irrtum bestand darin, zuviel Vertrauen in das Nationalgefühl zu haben. Wir verkannten die Probleme verschiedener Schichten; z. B. vertrauten wir darauf, daß die alten Stammeshäuptlinge immer noch nationalistisch gesinnt seien und immer noch ein Interesse daran hätten, die Ausländer aus unserem Land zu vertreiben, denn früher hatten die Häuptlinge gegen die Portugiesen gekämpft. Aber es war nicht so. Eine beachtliche Anzahl von ihnen stellte sich auf unsere Seite, aber diejenigen, die am traditionsverbundensten waren, schlugen sich auf die Seite der Kolonialisten, weil ihr einziges Trachten darin bestand, ihre Herrschaft über die Bevölkerung, die sie kontrollierten, aufrechtzuerhalten. Das schuf natürlich neue Probleme, mit denen wir uns ernsthaft auseinandersetzen mußten, um den Kampf in bestimmten Regionen vorantreiben zu können.

Die von unserer Partei verfolgte Politik hinsichtlich dieser Stammesprobleme brachte gute Resultate. Nach unserer Konzeption existiert der Stamm und gleichzeitig existiert er nicht. Bekanntlich war das Stammessystem ökonomisch bereits im Zerfall, als die Portugiesen in unser Land kamen. Der portugiesische Kolonialismus leistete diesem Zerfall Vorschub, war aber darauf bedacht, daß verschiedene Aspekte der Stammesstruktur aufrechterhalten blieben. So war es nicht seine ökonomische Basis, die uns veranlaßte, den Stamm als mobilisierendes Element zu respektieren, sondern seine kulturellen Aspekte, die Sprache, die Lieder, die Tänze etc. Wir können den Balante nicht die Bräuche der Foulah oder der Mandingues aufzwingen. Wir vermieden dies soweit wie möglich, bekämpften andererseits jedoch jede Zersplitterung im politischen Bereich aufs heftigste.

Zu Beginn des Kampfes mobilisierten wir die Balante, die Mandingues, die Brafada etc., und in dem Maß, wie sich ihr Kampfbewußtsein entwickelte und sie die Partei akzeptierten, begannen wir, sie auch an andere Orte zu schicken. Wir sandten diejenigen Genossen an eine bestimmte Front, die für die Bedürfnisse der Partei dort am wichtigsten waren. Vom ersten Augenblick an vermieden wir es, an die Spitze einer Gruppe ein Individuum gleicher Stammeszugehörigkeit zu stellen, um keinen Anlaß für irgendwelche Formen von Lokalpatriotismus zu geben.

Ein anderer Bereich, von dem wir glaubten, daß er ziemlich wichtig sei, waren die religiösen Vorstellungen unseres Volkes. Wir enthielten uns jeder Feindseligkeit gegenüber dem Glauben unseres Volkes sowie der Form der Beziehungen, die unser Volk angesichts der ökonomischen Unterentwicklung noch zur Natur hat. Wir haben uns nur dem entschieden widersetzt, was gegen die Würde des menschlichen Wesens verstößt. Wir sind stolz darauf, unserer Bevölkerung den Gebrauch von Fetischen, Amuletten und anderen Dingen dieser Art, die wir ›Mezinhas‹ nennen, nicht verboten zu haben. Es wäre eine völlig absurde und falsche Konzeption gewesen. Wir ließen die Menschen sich selbst darüber klar werden, daß ihre Fetische ihnen nichts nützen. Heute können wir glücklicherweise sagen, daß die Mehrheit unserer Bevölkerung sich dessen bereits bewußt geworden ist.

Wenn anfangs ein kämpfender Genosse der Hilfe einer ›Mezinha‹ bedurfte, hatte er wahrscheinlich eine greifbar. Aber er lernte, und er lehrte es die anderen, daß der Schützengraben die beste ›Mezinha‹ ist. Wir können behaupten, daß der Kampf in dieser Beziehung zu einer schnellen Entwicklung unseres Volkes beigetragen hat, und das ist sehr wichtig.

Dies ist der allgemeine Mobilisierungsgrad unseres Volkes. Schon 1963, als wir gerade unseren Kampf begannen, hatte unser Volk eine Partei – nicht im ganzen Land, aber im Süden. Nehmen wir also den Süden als Beispiel. 1962 verhafteten die Portugiesen Nino, der an der Mobilisierung mitgearbeitet hatte und Parteivorsitzender im Gebiet von Cobucaré war, das bis Catio, der Hauptstadt des Südens, reicht. Die Portugiesen hatten ihn nach einigen Ereignissen festgenommen. Sie wollten nicht glauben, daß Nino, der sehr jung war, bereits zu den führenden Parteikadern gehörte. Jemand denunzierte ihn, und sie beschlossen, ihn festzunehmen und nach Bissao zu schicken. Ein afrikanischer Polizist, der in der Verwaltung arbeitete, aber zur Partei gehörte (es gab Verwaltungssekretäre und einige Soldaten in den portugiesischen Truppen, die Parteimitglieder waren), hatte mit Nino gesprochen, der ihm aufgetragen hatte, uns zu sagen, daß man ihn nach Bissao schicken werde, um ihn von der PIDE (port. Geheimpolizei, d. Hrsg.) verhören zu lassen. In derselben Nacht noch erhoben sich entschlossene Teile der Bevölkerung, brachen die Gefängnistore auf, befreiten Nino und schickten mir ein Geschenk, das ich noch immer bewahre: das Vorhängeschloß des Gefängnistores. Dies vermittelt eine Vorstellung von der Situation unseres Landes vor dem Ausbruch des bewaffneten Kampfes. Ich könnte unzählige ähnliche Beispiele nennen, die die Unterstützung unseres Volkes beweisen. Damals befanden sich alle unsere Genossen im Mato. Überall in den Dörfern waren sie dabei zu agitieren, zu organisieren und sogar mit den Portugiesen zu arbeiten.

Die Organisierung des bewaffneten Widerstands

Diese Situation hat die Entwicklung unseres bewaffneten Kampfes ungeheuer begünstigt. Wir errichteten schon Guerillabasen, ehe die Guerillabewegung begann. Zu dieser Zeit wurde das Material unter unermeßlichen Schwierigkeiten eingeführt. War es erst einmal in unserem Land, wurde es von einem Teil der Bevölkerung in unseren Guerillabasen aufbewahrt. Erst danach haben wir den bewaffneten Kampf gegen den portugiesischen Kolonialismus entfesselt.

Unsere Basen im Süden befanden sich in den Regionen von Cobucaré, von Indjassan, von Quinera, genauer gesagt von Gambara, Quitafene und von Sususa. Im Norden hatten wir zu Beginn zwei oder drei Basen. Das gibt einen allgemeinen Überblick über die damalige Situation.

Wir können sagen, daß für den bewaffneten Kampf der Mobilisierungsgrad der Bevölkerung ausschlaggebend war. Es gab Dutzende und Dutzende junger Leute, die bereit waren zu kämpfen, aber wir verfügten nicht über genügend Waffen.

Wir begannen, selbständige Guerillatruppen in den Regionen, die ich gerade erwähnt habe, zu gründen. Jede Gruppe war mit der Parteileitung verbunden. Das war gegen Ende 1963. Der Kampf entwickelte sich sehr schnell, viel schneller, als man hätte erwarten können. (Erinnern wir uns daran, daß die örtlichen Parteivorsitzenden erstaunt waren über die erstklassige Arbeit, die geleistet wurde, als wir im August 1961 Sabotageaktionen anordneten und die Bevölkerung aufforderten, Bäume quer über die Straße zu legen. Selbst in den Regionen, die dieser Befehl nicht erreicht hatte, hatten die Leute sich mobilisiert und stürzten Bäume über die Straßen, um zu zeigen, daß auch sie an den Aktionen teilnehmen wollten.)

Bei diesen Gruppen konnten wir feststellen, daß angesichts der völligen Integration der Bevölkerung in die Guerillabewegung einige Guerillachefs zu selbständig geworden waren. Das betraf nicht die eigentliche Leitung (sie waren ja der Leitung der höheren Parteiebenen unterstellt), sondern die Tatsache, daß bestimmte Häuptlinge sich in der Region hatten aufhalten können. Es begannen gewisse Isolierungstendenzen zu entstehen, Tendenzen, sich gegenseitig nicht anzuerkennen, Aktionen nicht miteinander abzustimmen. Angesichts dieser Situation beschlossen wir, 1964 unseren Kongreß abzuhalten, der einen Höhepunkt in unserem Kampf darstellte. Auf diesem Kongreß beschlossen wir ernsthafte disziplinarische Maßnahmen. Über bestimmte Guerillachefs saßen wir zu Gericht und verurteilten sie. Wir mußten zu einer kollektiven Leitung der Guerillabewegung, die dem Parteikomitee unterstellt blieb, übergehen.

Für uns kann es keine Polemik darüber geben, ob die Partei befiehlt oder ob die bewaffneten Kräfte befehlen, denn wir meinen, daß die Partei und die bewaffneten Kräfte ein und dieselbe Sache sind. Wir schufen Zonen und Regionen entsprechend den jeweiligen Parteikomitees, so daß der Leiter der Partei gleichzeitig der Guerillakommandant war. Die Dinge haben sich gebessert. Sie sind nicht vollkommen geworden, aber es wurde besser.

Darüber hinaus beschlossen wir während des Kongresses, einen Teil der Guerillakräfte zu mobilisieren, um eine reguläre Armee zu schaffen und um den Kampf auf neue Zonen auszudehnen. Unserer Meinung nach ist es nicht notwendig, jedermann für den bewaffneten Guerillakampf zu mobilisieren. Eine vernünftige Zahl ist ausreichend. Dann kann man mit den bewaffneten Kräften vorwärtsschreiten und die andern mobilisieren.

Nachdem unser politisch-militärischer Apparat strukturiert war, haben wir Überfälle aus dem Hinterhalt, kleine Angriffe und andere Aktionen gegen die Portugiesen organisiert, die immer zahlreicher wurden, bis sie den Entwicklungsgrad erreichten, den unser Kampf gegenwärtig hat.

Mit der Schaffung regulärer Streitkräfte konnten wir neue Kampffronten eröffnen: die von Gabu im Osten des Landes, und die von San Domingos und von Boé im Westen. Damals sprachen wir noch nicht von Fronten, sondern von Kampfregionen und -zonen, die völlig mit den Regionen und Zonen der Partei übereinstimmten.

In dem Maße, wie die Guerillabewegung vorrückte, wurde der Feind gezwungen, sich auf die städtischen Zentren zurückzuziehen und Festungen zu errichten. Der Feind lebt in einem tiefen Widerspruch: Will er herrschen, so ist er gezwungen, sich zu zerstreuen, um die Bevölkerung kontrollieren zu können.

Aber indem er das tut, wird er schwächer. Dann greifen wir ihn an und zwingen ihn, sich zu konzentrieren. Konzentriert er sich aber, so sind wir es, die weite Gebiete beherrschen.

In der Folge wurde es möglich, wirkliche Fronten zu schaffen. Anfangs existierten nur die Nordfront und die Südfront. Mit dem Fortschreiten des Kampfes haben wir dann die Ostfront aufgebaut.

Zur Zeit bilden unsere bewaffneten Kräfte an jeder Front ein Armeekorps und können sich auf jeden Teil der Front verteilen. Aber in der nächsten Etappe wird es möglich sein, sie von einer Front an eine andere zu schicken, wenn sich das als notwendig herausstellt. Zum Beispiel kamen vor einigen Wochen Truppenteile aus verschiedenen Teilen des Landes nach Quinera und führten mit den dort befindlichen Truppenteilen eine Generaloffensive durch, während der alle portugiesischen Kasernen angegriffen wurden. Ich betone, daß die Leitung des Kampfes bei der Parteileitung liegt. Aus den Mitgliedern des Politbüros rekrutiert sich der Kriegsrat, dem ich in meiner Funktion als Generalsekretär der Partei vorstehe. Es gibt keine wichtige militärische Aktion im Land, die nicht durch meine Hände geht. Als die Fronten, die Sektoren und die Einheiten existierten, genossen sie Autonomie für die normalen alltäglichen Aktionen innerhalb eines festgelegten Rahmens. Aber schon zu dieser Zeit ging jede Veränderung, jede neue langfristige Aktion durch die Hände des Kriegsrats und damit auch durch meine Hände.

Die Frontbefehle sind die Exekutivelemente der vom Kriegsrat gefaßten Beschlüsse. Zum Beispiel war der Angriff auf den Hafen von Bissao mit allen Vorsichtsmaßnahmen von uns geplant. Der einzige mißliche Zwischenfall war, daß er nicht zu dem Termin ausgeführt wurde, für den wir ihn geplant hatten, weil es materielle Schwierigkeiten gab. Es trat ein Aufschub von wenigen Tagen ein. Der Plan für den Angriff wurde von uns während einer Versammlung aller Genossen gefaßt. Wir wählten selbst die Leute aus, die daran teilnehmen sollten. Das vermittelt eine Vorstellung vom Ausmaß der Zentralisierung unserer Arbeit.

Was die Entwicklung des Guerillakampfes betrifft, so meinen wir, daß er sich bei uns wie ein Lebewesen entwickelt, bei dem sich aufeinanderfolgende Wachstumsetappen zeigen. Oft wird eine Etappe sehr schnell überwunden, manchmal dauert sie länger. Wir überspringen keine Etappe vorzeitig. Jedesmal, wenn eine Etappe überwunden ist, schreiten wir ein wenig weiter voran. Das hat unserem Kampf einen wirklich harmonischen Charakter gegeben. Am Anfang sprachen wir noch nicht von einer ›Armee‹, und bis heute sprechen wir noch nicht von einem

›Generalstab‹. Zuerst gründeten wir kleine Guerillatruppen, die sich ihren Aktivitäten widmeten und die sich miteinander verbanden. Durch ständiges Zusammenschließen wurde schließlich eine Armee aufgebaut, die regulären Streitkräfte. Heute ist die Situation so, daß eigentlich alle Guerillastreitkräfte reguläre sind. Alle werden strengstens kontrolliert und regelmäßig inspiziert.

Gegenwärtig bestehen die bewaffneten Kräfte unserer Partei außer in den regulären Streitkräften auch in der bewaffneten Volksmiliz, die es in den befreiten Gebieten gibt.

Ich möchte festhalten, daß wir früher Guerillabasen in den Dörfern hatten, aber nach und nach haben wir sie abgebaut. Zuerst teilten wir sie in zwei oder drei auf. Später konnten wir den Befehl geben, diese Art Basen ganz abzuschaffen. Heute existieren sie nicht mehr. Es gibt Dörfer der Bevölkerung und es gibt die Stützpunkte unserer bewaffneten Streitkräfte. Das ist in dem Moment außerordentlich nützlich gewesen, als die Portugiesen alle unsere Basen auf ihren Generalstabskarten eingezeichnet hatten und beabsichtigten, sie zu bombardieren. Sie haben einige davon tatsächlich bombardiert, aber es war niemand mehr dort, denn wir hatten diese berühmten Guerillabasen rechtzeitig geräumt.

Die Taktik der Portugiesen

In unserem Land versuchte der Feind, dieselbe Taktik anzuwenden, die er in den Kolonialkriegen gegen andere Völker benutzt. Da die Portugiesen glaubten, daß wir von der Republik Guinea oder vom Senegal aus in unser Land eindringen würden, bestand ihre anfängliche Strategie darin, Truppen an den Grenzen dieser Länder zu postieren, um das, was sich im Norden Angolas ereignet hatte, zu verhindern. Sie irrten sich, denn der Kampf hatte hundert Kilometer weit im Innern des Landes begonnen. Das fügte ihnen zahlreiche Verluste zu. Daraufhin zerstreuten sie ihre Truppen sofort und errichteten fast 100 Befestigungen in einem so kleinen Land wie dem unseren. Sie bauten ein ganzes Netz von Kasernen auf, die in dem Maße, wie sich der Kampf verstärkte, an sichere Orte verlegt werden mußten. Heute ist die Zahl der Kasernen wegen der ständigen Angriffe, denen wir sie aussetzten, zurückgegangen.

Die Taktik der Portugiesen ist die allgemeine Taktik in dieser Art des Kampfes. Von dem Augenblick an, wo ihnen bewußt wurde, daß wir hart zuschlugen, begannen sie mit Bombardierungen und verbrannten unsere Dörfer, um die Bevölkerung zu terrorisieren und zu verhindern, daß sie uns unterstützt. Das ist die Hauptsorge des Feindes in einem Kampf wie diesem: der Guerillabewegung die Unterstützung der Bevölkerung zu entziehen. Das zeigt, wie wichtig die Unterstützung der Bevölkerung für die Guerillabewegung ist. Auch der Feind begreift das, und deswegen begeht er alle möglichen barbarischen Handlungen, um es zu verhindern. Aber je mehr Ungerechtigkeiten die Portugiesen begehen, umso standhafter ist die Bevölkerung, wenn sie einen bestimmten Grad an politischem Bewußtsein erlangt hat.

Die Portugiesen unternahmen mehrere Angriffe gegen unsere Basen. Einige hatten Erfolg, das muß man in aller Offenheit zugeben, bis zu dem Moment, als es uns gelang, in der Nähe ihrer Garnisonen zu bleiben. Unsere Truppen stießen soweit vor, daß sie den Portugiesen 500 Meter vor ihren Kasernen einen Hinterhalt legten. Das hat den Feind auf seinem Gelände ungeheuer lahmgelegt. Von dem Augenblick an hat er seine Bombardierungen noch verstärkt. Er begann Napalm und weißen Phosphor in großen Mengen zu verwenden und griff die Küsten unserer befreiten Gebiete mit Kanonenbooten und anderen Schiffen an.

Gleichzeitig betätigte er sich propagandistisch und versuchte, die Bevölkerung zu entpolitisieren. Vor allem über den Rundfunk verbreitete er viel Propaganda, wobei er uns aller möglichen Übeltaten beschuldigte: Wir seien Kommunisten, wir würden die Religion und die traditionellen Häuptlinge abschaffen, wir seien an das Ausland verkauft etc. Sie versuchten auch, den Eindruck zu erwecken, daß sie künftig die Afrikaner das Land leiten ließen. Sie gründeten einen ›Regierungsrat‹, den sie fast ausschließlich mit Afrikanern besetzten. Sie veränderten ihr Verhalten den Afrikanern gegenüber. Sie gingen so weit, ihnen Stipendien und gute Stellen zu geben und sie sogar auf den Spazierwegen als erste vorbeizulassen. Diese Tricks haben nicht die erhofften Ergebnisse gebracht. Unser Volk weiß sehr gut, daß es ohne PAIGC, ohne den Kampf, nichts dergleichen gegeben hätte. Sicher soll das nicht heißen, daß es keine Verräter gibt, die davon profitieren und sich auf die Seite der Portugiesen schlagen.

Ich glaube, es ist nicht nötig, die Taktik und Strategie der Portugiesen zu charakterisieren, weil sie mehr oder weniger eine Kopie derjenigen der Nordamerikaner in Vietnam ist. Der einzige Unterschied besteht darin, daß sie nicht über so viele Mittel verfügen wie die Nordamerikaner. Die Portugiesen haben große Landungsoperationen durchgeführt: kombinierte Luftlandungen sowie Landungen von der See und den Binnenflüssen aus. Aber sie wurden angegriffen. Wir warteten ab, bis sie ankamen, bis sie sich in ihren Barackenlagern niederließen, und in diesem Augenblick begannen wir, sie hart anzugreifen. Zu Beginn fügten uns die Hubschrauber nicht wenig Schaden zu, besonders die Überraschungsangriffe auf die Bevölkerung. Aber heute widerstehen wir den Hubschraubern mit Erfolg. Unsere Schüsse treffen sie, und die Portugiesen zogen den Schluß daraus, daß sie mit Hubschraubern nicht gewinnen können.

Sehr wichtig ist die Tatsache, daß die Portugiesen noch keine Probleme auf den Kapverdischen Inseln haben. An dem Tag, an dem wir unsere Aktionen auf den Inseln beginnen werden, wird der Kampf in Guinea praktisch beendet sein. Das ist keine unumgängliche Bedingung für das Ende des Kampfes in Guinea. Er kann sehr gut auch vorher aufhören. Aber an dem Tag, an dem sich unsere Aktionen auf die Kapverdischen Inseln ausbreiten, wird der Kampf praktisch sein Ende finden.

Die Situation Portugals

Was die Position der Portugiesen betrifft, so glauben wir, daß sie den Kolonialkrieg wegen der kriminellen Politik ihrer Regierung und aus Angst vor der Dekolonialisierung führen. Portugal ist ein unterentwickeltes Land. Es ist eine Halbkolonie Englands, der Vereinigten Staaten und anderer Länder, und es hat keine ökonomische Struktur, die ihm eine Politik des Neokolonialismus gestatten würde, da es die Konkurrenz der anderen Länder fürchten muß. Es spielt lieber die Vermittlerrolle, als sich aus Angola zurückzuziehen. Es läßt lieber Angola von den Vereinigten Staaten, von Belgien, von England etc. ausbeuten, als abzuziehen und die anderen allein zu lassen. In unserem speziellen Fall, dem Guineas, ist das einzige, was die Portugiesen daran hindert abzuziehen, der Präzedenzfall, den dies darstellen würde. Jeder weiß, daß es für Portugal sehr schlecht steht. Die Rede Marcelo Caetanos vom 27. November (1968) vor dem Parlament hat das bewiesen. Wenn der Regierungschef zu sagen gezwungen ist, daß er »eine Provinz um jeden Preis verteidigen« wird, so heißt das, daß er in Wirklichkeit genau weiß, daß es keine ›Provinz‹ ist und daß dieses Land längst keine Kolonie mehr ist.

Und weil wir gerade von Caetano reden, so sagen wir gleich eindeutig unsere Meinung, daß der Wechsel des Regierungschefs in Portugal bedeutungslos ist. Wir haben niemals gegen die Politik eines einzelnen Mannes gekämpft. Wir haben niemals gegen Salazar gekämpft; nicht einmal gegen den Faschismus. Die portugiesischen Patrioten müssen gegen den portugiesischen Faschismus kämpfen. Wir aber, wir kämpfen gegen den portugiesischen Kolonialismus, der nicht die Ausgeburt Salazars ist, sondern das Resultat einer Situation der Klassenherrschaft in Portugal und der imperialistischen Situation im allgemeinen ...

Deswegen versucht Marcelo Caetano, der ein Produkt des portugiesischen Kolonialismus und des Weltimperialismus ist, nur seine Stellung zu halten, wenn er erklärt, daß er unsere Länder ›um jeden Preis verteidigen‹ wird. Aber es wird ihn sehr teuer zu stehen kommen, und es soll ihm nicht gelingen, uns irgend etwas wieder zu entreißen. Der eindeutige Beweis für unsere Behauptung ist die Tatsache, daß das Jahr 1968 für uns ein Jahr außergewöhnlicher militärischer und politischer Siege war.

Es gibt zwei weitere bedeutungsvolle Ereignisse: die Reise von Americo Thomaz und der Abschied des Gouverneurs. Die Tatsache, daß Americo Thomaz mit dem Flugzeug in aller Eile einigen Städten einen Besuch abstattete und die Abreise des Gouverneurs aus Guinea andererseits, all das ist für die Portugiesen beschämend. Es stimmt, daß der Gouverneur seine Dienstzeit beendet hatte. Aber was ist das für ein General, der im Begriff ist, einen Krieg zu gewinnen, und der fortgeht, wenn seine Dienstzeit beendet ist? Wenn er das tut, so heißt das, daß er in die Flucht geschlagen wurde.

Das letzte Jahr war ein Jahr voller Erfolge, obwohl das nicht bedeutet, daß wir keinen Rückschlag erlitten hätten. Das ist normal in einem Krieg. Wir haben alle städtischen Zentren unseres Landes angegriffen, ausgenommen Bissao, wenn man den Angriff auf den Flughafen nicht zählt. Wichtige Zentren wie Bafata, Gabu, Farim, Manoa, Cansumbé und Bolama wurden mehrere Male angegriffen. Wir hatten eine Anzahl Gefangene gemacht und es gab mehrere Deserteure. Außerdem haben wir erstmals eine große Zahl portugiesischer Schiffe zerstört.

Die Bilanz unserer Operation vom 16. April bis zum 15. November letzten Jahres lautet folgendermaßen: 251 Angriffe auf portugiesische Kasernen, 2 Angriffe auf Flugplätze, 2 Angriffe auf Häfen, 94 zerstörte Fahrzeuge, 30 versenkte Schiffe, 4 abgeschossene Flugzeuge etc. Wir schätzen die Zahl der getöteten Feinde auf mindestens 900. Gefangen wurden zwölf. Obwohl 1967 auch ein großartiges Jahr für uns war, war 1968 ein Jahr der Siege auf politischer, administrativer, sozialer und kultureller Ebene. Unsere Streitkräfte haben außergewöhnliche Anstrengungen unternommen, die die Portugiesen zwangen, einige ihrer befestigten Stellungen aufzugeben. Sie mußten Beli im Osten, Cacocoa und Sanchonha, zwei sehr wichtige Feldlager nahe der südlichen Grenze, und weitere Lager im Süden und Osten des Landes aufgeben. Unser Kampf hat eine neue Entwicklungsphase erreicht, und wir sind jetzt fähig, die portugiesischen Lager zu nehmen. Aber wir lassen uns zu nichts hinreißen. Wir gehen mit Bedacht vor.

Wir müssen viele Vorsichtsmaßnahmen treffen. Wir müssen unter den Bedingungen kämpfen, die die unsrigen sind. Der Beweis für die Richtigkeit unserer Taktik liegt darin, daß wir jetzt fähig sind, uns der Lager der Portugiesen zu bemächtigen und sie zu zwingen, aus ihren Befestigungen abzuziehen. Das ist zusätzlich zu der militärischen Niederlage eine moralische Niederlage ersten Ranges und erklärt den vom Rundfunk ausgestrahlten Wortschwall, um die Aufgabe der Befestigungen zu rechtfertigen.

Das ist die Situation der Portugiesen: wir zwingen sie, sich zurückzuziehen.

Es erscheint uns jetzt sehr wichtig, unsere Aktionen noch mehr auf die städtischen Zentren zu konzentrieren, um große Unsicherheit zu schaffen. Wir werden dies zweifellos tun. Wir wissen, daß die Portugiesen vorhaben, Gase gegen uns zu benutzen, aber das wird ihnen schwer fallen, wir werden allen Situationen die Stirn bieten. Wichtig ist, daß wir bereit sind, alle Opfer, alle Anstrengungen auf uns zu nehmen, die für unsere Befreiung notwendig sind ...

Kurzer Bericht über die Lage des Kampfes in Guinea*

Trotz verzweifelter Aktionen und dem Einsatz eines antiquierten Propagandasystems, dem es nur teilweise gelingt, in der westlichen Presse eine positive Aufnahme zu finden, ist der fortschreitende Zerfall des ökonomischen und politischen Systems in Portugal eine Tatsache, die man auch bei den offiziellen portugiesischen Stellen nicht länger verheimlichen kann. Diese Tatsache, die sich in den Verhaltensweisen der verschiedenen portugiesischen Klassen widerspiegelt, ist die schwerwiegendste Folge der Verstöße gegen die Humanität von seiten der portugiesischen Regierung in zehn Jahren, nämlich von dem Augenblick an, als sie den Kolonialkrieg in Angola entfachte, der bald auf Guinea und Moçambique übergriff. Er ist das Ergebnis der absurden, irrationalen und verlogenen Politik, die von der herrschenden Klasse Portugals verfolgt wird. Sie verspottet nicht nur die Rechte der afrikanischen Völker und das internationale Recht, sondern sie handelt auch bewußt gegen die Interessen des eigenen Volkes, was sich für Portugal heute dramatisch, morgen aber sicher schon tragisch auswirken wird.

Diese Realität wurde in den letzten zwei Jahren und besonders 1971 immer deutlicher und erklärt die Schwäche der demagogischen Politik Marcelo Caetanos, den sich öffnenden Abgrund zwischen der herrschenden Klasse und den Volksmassen (Arbeiter in der Stadt und in ländlichen Gebieten, Studenten und intellektuelle Antifaschisten), die immer häufigeren und intensiveren Proteste in der portugiesischen Gesellschaft und, als auffallendstes Zeichen dieses Konflikts, die seit kurzem in Portugal einsetzende bewaffnete revolutionäre Arbeit. Die begrenzte und sporadische Natur dieser Aktivitäten sollte jedoch niemanden täuschen. Daß ein Teil der portugiesischen Gesellschaft – so klein er auch sein mag – trotz des eingefleischten Nationalismus, der für alle Portugiesen gleichermaßen charakteristisch ist, die Entscheidung trifft, Gewalt als ihr Protestmittel einzusetzen, ohne dabei auf den Widerstand der Volksmassen zu stoßen, deutet darauf hin, daß das Bewußtsein des Durchschnittsportugiesen, angesichts der Verschlechterung der sozio-ökonomischen und politischen Verhältnisse, an den Rand der Verzweiflung gelangt ist.

Indem er Salazars Politik des Kolonialkriegs und Völkermords

* Aufsatz Cabrals vom September 1973.

gegen afrikanische Völker fortsetzt, hat Marcelo Caetano nicht nur diejenigen enttäuscht, die an seine ›politische Intelligenz‹ glaubten. Er hat auch den besten Augenblick seit den Entdeckungen in Übersee verpaßt oder ist dabei, ihn zu verpassen, wo es einem Herrscher Portugals noch möglich gewesen wäre, verdienstvoll in die Geschichte einzugehen. Weil er den Lauf der Geschichte und noch nicht einmal die Interessen des eigenen Volkes verstehen kann oder will — eine Tatsache, die niemanden in Erstaunen versetzt, der seinen ideologischen Werdegang kennt—, ist es ihm heute nach drei Amtsjahren nicht möglich, in Reden und öffentlichen Ansprachen seine Ratlosigkeit und sogar totale Verwirrung angesichts der Komplexität der sozio-ökonomischen und politischen Realitäten zu verdecken, die er fortwährend die ›portugiesische Welt‹ nennt.

Die schüchternen Reformen, hauptsächlich administrativer Art, die er entworfen und auch in die neue portugiesische Verfassung einzufügen gewagt hat, überzeugen niemanden, es sei denn denjenigen, der ohnehin schon überzeugt war. Sie haben sogar die bedeutendste, weil aktivste Gruppe seiner ›liberalen‹ oder ›weniger reaktionären‹ Anhänger enttäuscht, von denen der Konflikt während der jüngsten Diskussion über Verfassungsänderungen in der sogenannten portugiesischen Nationalversammlung ausging; ein Konflikt, der den Sturz der Regierung herbeigeführt hätte, wenn Parlamentspolitik in Portugal mehr als eine bloße Karikatur wäre.

Heute sieht die Realität in Portugal so aus: Während Portugal von Tag zu Tag sein erbärmliches Privileg, das rückständigste Land Europas zu sein, aufrechterhält und verschärft, führt die portugiesische Regierung absichtlich die drei Kolonialkriege und den Völkermord in Afrika fort und besteht darauf, das portugiesische Volk leidend und unwissend zu halten, isoliert von Europa und dem Rest der Welt, abseits aller Vorteile durch Wissenschaft und Technologie, die heute für fast alle anderen Völker erreichbar sind. Wie immer bleiben die Portugiesen der grundlegenden Menschenrechte beraubt.

Den portugiesischen Massen wird jedoch mehr und mehr die Wahrheit bewußt, daß die galoppierende Inflation und der Bevölkerungsrückgang, der der Emigration und dem Krieg zuzuschreiben ist, daß das Steigen der Lebenskosten und der öffentlichen und internationalen Verschuldung, das Fehlen von Arbeitskräften sowie die Stagnation der portugiesischen Wirtschaft direkte Folgen der absurden Kolonialpolitik der herrschenden Klassen Portugals sind, denen zu gehorchen Marcelo Caetano gewöhnt ist.

Marcelo Caetano hat durch sein eigenes Verhalten bestätigt, daß er Gefangener des schweren Erbes von Salazar ist – das von den ›Ultras‹ des Regimes hartnäckig verteidigt wird – und daß er mehr als genug Gründe hat, zwischen Verwirrung und Verzweiflung zu schwanken. Dazu kommt, daß der Widerstand der afrikanischen Völker und auch der Portugiesen gegen die Kolonialkriege ständig zunimmt und an Schlagkraft gewinnt.

Man kann die jetzige Haltung des portugiesischen Regierungsoberhauptes sehr klar verstehen – nämlich die eines bloßen Opfers –, wie sie sich in seiner Rede am 23. Juli dieses Jahres zeigte, die die Vorfälle zu erklären suchte, die in der Nationalversammlung stattfanden. Nachdem er bedauert hatte, »unglücklicherweise« nicht zu den Leuten zu gehören, die fähig sind, »weiterhin im Namen unsterblicher Prinzipien an die Freiheit zu appellieren«, tat er kund: »Auf meinen Schultern ruht die Verantwortung der nationalen Verteidigung, mit drei militärischen Operationen in drei Überseegebieten und einer aktiven Front im eigenen Land. Auf der internationalen Szene geht kein Tag vorüber, ohne einen neuen Schlag unserer Gegner, was uns zwingt, ständig wachsam zu sein, unsere Bemühungen im diplomatischen Kampf aufrecht zu erhalten und die irrigen Auffassungen fremder Länder richtigzustellen.«

Mit dieser Feststellung gibt das portugiesische Staatsoberhaupt zum ersten Mal öffentlich die Existenz der Kolonialkriege zu – die er »militärische Operationen« nennt –, obwohl er auch weiterhin das Ziel verfolgt, die »irrigen Auffassungen fremder Länder« zu berichtigen, das heißt in anderen Worten, das internationale Recht zu mißachten.

In derselben Rede fährt er fort, nachdem er feststellte, daß »der Feind im Innern (Portugals) Unterstützung erhält ... und täglich nach Gelegenheiten sucht, Schulen, das Militär und gemeinsame Organisationen zu infiltrieren«, daß »angesichts dieser Dinge es notwendig ist, den wirklichen Bedürfnissen des Volkes den Vorrang zu geben, angefangen beim Kampf gegen die Inflation, die wie ein Krebs die Wirtschaft aller Länder verschlingt, indem sie die Stabilität der Preise zerstört und so Lohnforderungen Vorschub leistet, bis zu den Problemen der wirtschaftlichen Entwicklung des Volkes, die nicht stagnieren kann und darf, noch sich durch den Exodus junger Leute oder durch die Forderungen einer unvernünftigen Bevölkerung nach besseren Ausbildungsmöglichkeiten und Wohlstand schwächen lassen darf. Denn all das braucht Geld, und Gott weiß, welche Schwierigkeiten wir haben, das zu finden.«

Mit einem solchen Gejammer, das ohne Kommentar blieb, versucht Marcelo Caetano die Tatsache zu rechtfertigen, daß er nicht so schnell vorgeht, wie seine ›jungen Freunde‹ es wohl wünschten. Aber wenn es wahr ist – wie er sich in seiner Rede im Zusammenhang mit der französischen Revolution erinnerte

—, daß ein Jakobiner, der zum Minister ernannt wurde, nicht notwendigerweise ein Jakobiner-Minister wurde, so beweisen doch die Politik und die Argumente Marcelo Caetanos, daß ein Salazar-Anhänger, der Premierminister wird, ein salazartreuer Premierminister wird.

Tatsächlich ist es trotz seiner angeblichen Originalität und Liberalität genau der zutiefst salazartreue Charakter der Politik Marcelo Caetanos — die hartnäckige Fortsetzung des Faschismus in Portugal und des Kolonialismus in Afrika –, der eine Erklärung für die minimalen, oder besser sogar, vollständig fehlenden Ergebnisse nach drei Jahren Regierungszeit gibt. Am 27. September legte er schließlich eine Regierungsbilanz vor. In seiner Rede, in der er »Portugiesen, die diesen Namen zu Recht tragen« aufforderte, sich um die »von ihnen gewählten Führer« (!) zu versammeln, gab er kund: »Mutig stellen wir uns den Problemen unserer Nation. Die Verteidigung unserer Überseeprovinzen haben wir erfolgreich gegen die Untergrabung aufrechterhalten, die von dieser unglaublichen Organisation, die sich Vereinte Nationen nennt, in immer stärkerem Maße begünstigt wird. Und so wie wir in dem Kampf in Übersee nicht entmutigt werden, haben wir auch denen nicht nachgegeben, die den Terrorismus in die Metropole tragen wollen.« Dieselben Redensarten, dieselbe Engstirnigkeit.

Aber Marcelo Caetano ist sich durchaus bewußt, daß Probleme zu erkennen noch nicht heißt, sie zu lösen. Nachdem er dem verarmten portugiesischen Volk das Bild der »Schutzherren der Entwicklung im reichen Europa« vorgeführt hat, erinnert er sich daran, gleichsam als wolle er Träume wegwischen, daß in Portugal »eine gefährliche Atmosphäre leichtfertiger Forderungen entstanden sei, die in keinem Verhältnis zu den Realitäten und Möglichkeiten des Landes stehen«. Und dann die üblichen Klagen: »Ich vernachlässige meine Pflicht, den Portugiesen die Wahrheit zu sagen, wenn ich sie nicht daran erinnere, daß wir in sehr kritischen Zeiten leben, Zeiten in denen die Dringlichkeit nationaler Probleme noch verschärft wird durch störende Faktoren der internationalen Wirtschaft und Politik. Niemand soll glauben, daß wir im Überfluß an menschlichen und materiellen Ressourcen leben.« Offensichtlich kann sich das nicht auf das Volk von Portugal beziehen, das niemals zu einer solchen Einschätzung kommen würde; ein Volk, das im Elend lebt und beobachten muß, wie seine Kinder mit dem Dilemma heimlicher Auswanderung oder eines unehrenhaften Todes in den Kolonien konfrontiert werden.

Ich habe diese Zitate, obwohl sie vielleicht ein bißchen zu lang sind, angeführt, um mit den eigenen Worten des portugiesischen Herrschers zu beweisen, daß die Mythen, Taktiken,

Lügen, Argumente und Einwände des faschistischen Kolonial-
regimes sich mit dem Verschwinden Salazars nicht im mindeste-
sten geändert haben; der soziale, wirtschaftliche und politische
Abstieg der portugiesischen Gesellschaft als Ergebnis der Kolonialkriege ist eine Tatsache, die auch die Klagen eines Marcelo
Caetano nicht zu verdecken vermögen. Sich dieser Tatsache
bewußt zu sein, ist von vorrangiger Bedeutung in der Darle-
gung der Perspektiven unseres Kampfes.

Sehr viel realistischer als Marcelo Caetano ist der ›Vertrauliche
Bericht des portugiesischen Generalstabes‹, der 1970 unter dem
Titel ›Bericht der psychologischen Abteilung, Nr. 15‹ herausgegeben wurde. In diesem Bericht, der die Aktionen der Befreiungsbewegungen und der portugiesischen Gruppen gegen den
Kolonialkrieg sowie die Methoden, die Durchführung und die
Ergebnisse der psychologisch-sozialen Kriegsführung sehr
detailliert analysiert, eröffnen die Autoren, daß »das Erstarken
von Antiregierungsorganisationen und ihre weitverbreitete
Agitation zu einem Klima der Instabilität geführt haben, das
die Aktivitäten der Studenten und somit die des Landes beeinflußt, das aus dem Gleichgewicht zu geraten und nicht zu
wissen scheint, wie es seine Kinder auf den richtigen Weg
zurückführen soll«.

Der oben erwähnte Bericht schließt, nachdem er eingehend die
zunehmend schwieriger werdende Situation innerhalb der
Kolonialtruppen, verschärft durch Desertationen und Forderungen, erörtert hat, folgendermaßen: »Der Feind (d. h. die
Befreiungstruppen und die Kräfte gegen den Kolonialismus)
hat seine Bemühungen an allen Fronten, innerhalb wie außerhalb, vorangetrieben und erweitert. In der Metropole zeigt sich
die Bevölkerung im allgemeinen am Krieg wenig interessiert,
und sie ignoriert die Bemühungen der bewaffneten Kräfte. Die
Masse der Studenten ist immer noch sehr empfänglich für pazi-
fistische Propaganda.

Die Masse der Arbeiter ignoriert die großen nationalen Probleme und läßt sich leicht von der Propaganda leiten, die auf
bessere Löhne und Lebensbedingungen ausgerichtet ist. Die
radikalsten Gruppen bleiben die Brutstätten der Subversion
und auch die neu entstehenden Gruppen haben sich als sehr
einflußreich erwiesen.

Die afrikanische Bevölkerung in Übersee tendiert weiterhin
zum Umsturz, besonders wenn er Erfolg verspricht, oder wenn
geographische Bedingungen das Vorgehen unserer Truppen
schwierig oder unmöglich machen. Die Eingeborenenbevölkerung an der Peripherie der großen Stadtzentren, die nicht mehr
in Stämmen lebt, zeigt sich ebenfalls sehr empfänglich für
feindliche Propaganda. Die europäische Bevölkerung demon-

striert ihre Unterstützung für den Krieg immer noch offen, tritt aber der Subversion nur entgegen, wenn ihre materiellen Interessen direkt gefährdet sind.

Die psychologische Situation sowohl in der Metropole als auch in Übersee ist sehr zugespitzt.«

Eine solche Situation vor Augen, die sich täglich verschlimmert, kann man sich nur fragen, warum die portugiesische Regierung, die sich der gegenwärtigen und zukünftigen Situation doch bewußt ist, stur an ihrer absurden, kriminellen und eigenwilligen Politik der Kolonialkriege und der Herrschaft über die afrikanische Bevölkerung festhält. Es ist nicht allzu schwer zu erkennen, daß die Hintergründe für die Fortdauer der portugiesischen Kolonialpolitik in den folgenden Tatsachen liegen: die chronische und charakteristische Unterentwicklung Portugals, das keine tragende wirtschaftliche Infrastruktur besitzt und unfähig scheint, sich einen Prozeß der Dekolonisation vorzustellen, in dem die Interessen der portugiesischen herrschenden Klassen im Rahmen des Neokolonialismus vor der starken Konkurrenz anderer kapitalistischer Mächte geschützt wären; die hemmenden Auswirkungen einer fast ein halbes Jahrhundert während faschistischen Herrschaft über eine Gesellschaft, die in ihrer ganzen Geschichte niemals wirklich, in irgendeiner bedeutenden Weise menschliche Rechte, Freiheiten und demokratische Praktiken gekannt hat; die imperialistische Mentalität der portugiesischen herrschenden Klasse; Ignoranz, Mythen, Glaube, Vorurteile und engstirniger Nationalismus, die die Kultur großer Bevölkerungsteile Portugals charakterisieren, die jahrhundertelang sowohl der Lehre von der europäischen Superiorität und der afrikanischen Inferiorität, als auch dem Mythos von der ›zivilisatorischen Aufgabe‹ der Portugiesen gegenüber den ›wilden‹ Afrikanern unterworfen waren.

Trotz der vergeblichen Versuche portugiesischer Kolonialisten, den Mythos von der ›Schaffung multi-rassischer Gesellschaften‹ zu nähren, endet eine solche Doktrin, der kürzlich das Gespenst von der ›kommunistischen Umwälzung‹ hinzugefügt wurde, in der Herauskristallisierung eines primitiven Rassismus, dem oft jegliche erkennbare wirtschaftliche Motivierung fehlt.

Der rassistische Charakter der portugiesischen Herrschaft zeigt sich in der Verachtung afrikanischer kultureller Werte ebenso wie in den fürchterlichsten Verbrechen, die von der Verwaltung und den Siedlern während des ›Goldenen Zeitalters‹ des Kolonialismus verübt wurden. Heute manifestiert sich der rassistische Charakter des portugiesischen Kolonialismus in den Grausamkeiten, die typisch für portugiesische Truppen sind. Angesichts des afrikanischen Widerstandes gibt es gegenwärtig die Tendenz, väterliche Fürsorge und falschen Eifer an den Tag zu legen, um den ›sozialen Fortschritt des Afrikaners innerhalb des Rahmens der portugiesischen Nation zu erreichen‹. Der portugiesische Rassismus, einer der subjektivsten Gründe für die Kolonialkriege, erreicht in den oberen Schichten der herrschenden Klasse einen Höhepunkt. General Kaulza de Arriaga (eine der hervorragendsten Persönlichkeiten der portugiesischen Kolonialherrschaft, Oberbefehlshaber der Kolonialtruppen in Moçambique und Präsidentschaftskandidat) ging das strategische Problem Portugals folgendermaßen an:

»Subversion ist vor allem ein Krieg der Intelligenz. Man muß intelligenzmäßig überlegen sein, um einen Umsturz durchzuführen; nicht jedermann ist dessen fähig. Schwarze sind aber nicht sehr intelligent, im Gegenteil, von allen Völkern der Welt sind sie die am wenigsten intelligenten.« (Vol. 12, Lessons of Strategy in the Course of High Command 1966/67)

Der Autor, der findet, daß der »Export von afrikanischen Sklaven nach Brasilien eine gute Sache war« und daß »das Stammeswesen der Schwarzen günstig für die Strategie Portugals ist«, enthüllt in denselben ›Anweisungen‹ in all seiner Grausamkeit das Hauptprinzip des portugiesischen Kolonialismus: die weiße Herrschaft über die schwarzen Völker aufrechtzuerhalten.

Nachdem er festgestellt hat, daß die Gefahr in dem Aufstand »entwickelter Afrikaner« läge, betont Kaulza de Arriaga: »Wir werden fähig sein, dieselbe weiße Herrschaft aufrechtzuerhalten, die ein nationaler Belang ist, wenn dies durch die weiße Bevölkerung selbst geschieht, die in ihrem Wachstum die Zunahme entwickelter Schwarzer zunächst begleitet und schließlich langsam überholt. Wenn sich nämlich das Gegenteil ereignet – wenn die weiße Bevölkerung von dem Heranwachsen entwickelter Schwarzer überrollt wird –, entstehen daraus zwei fatale Möglichkeiten: entweder müßten wir die Apartheid einführen – das wäre schrecklich und nicht aufrechtzuerhalten –, oder wir hätten schwarze Regierungen, mit all ihren Folgen (Abfall der Überseeprovinzen etc.).«

Dieser Oberrassist führt weitere Taktiken an, um eine solche Situation zu verhindern: »Die weiße Bevölkerung zielt nicht darauf ab, das schwarze demographische Potential auszubalancieren... weil wir, Gott sei dank, unmöglich alle Schwarzen assimilieren können, weil wir aber wahrscheinlich, bzw. sogar fast sicher Weiße in solcher Zahl in Afrika ansiedeln können, daß sie die Schwarzen, die sich assimilieren, aufwiegen.«

Nachdem er unterstrichen hat, daß »wir nicht allzu eifrig sein werden, die Schwarzen zu bilden; wir müssen sie fördern – aber nicht allzu sehr«, legt der General, der Kandidat für die Präsidentschaft ist, das führende Prinzip der Strategie Portugals in

Afrika dar: »Zuerst Wachstum der weißen Bevölkerung, als zweites die Begrenzung der schwarzen Bevölkerung.« Die Schwierigkeit der Aufgabe vor Augen, mit dem Glauben an den Mythos von der afrikanischen Fruchtbarkeit, schlägt er dann, wenn auch in negativer Weise, eine Methode wissenschaftlicher Bevölkerungskontrolle vor: »Offensichtlich ist es ein unglaublich schwieriges Problem, denn wir können nicht jeder schwarzen Familie eine empfängnisverhütende Pille geben... Die Lösung wäre vielleicht, die schwarze Bevölkerung in ihrem Wachstum zu entmutigen.«

Eine der Hauptperspektiven der portugiesischen Kolonialkriege in Afrika wird hiermit deutlich: weil es gegenwärtig unmöglich ist, die Geburtenrate zu beschränken, um so die weiße Übermacht zu gewährleisten, greift man zurück auf die physische Liquidation der Bevölkerung durch tägliche Luftbombardements, Napalm und andere Methoden der massenhaften Vernichtung der Afrikaner durch bewußt praktizierten Völkermord. Dieses Ziel, dessen Verwirklichung durch den wirkungsvollen bewaffneten Widerstand der Völker in den portugiesischen Kolonien, unterstützt durch afrikanische und internationale Solidarität, verhindert wird, zeigt deutlich den kriminellen Charakter der Unterstützung auf moralischer, materieller oder politischer Ebene, die Portugal von seinen Verbündeten durch die NATO oder durch bilaterale Übereinkünfte erhält. Es ist heute kein Geheimnis mehr, daß die portugiesische Regierung ohne die Hilfe seiner westlichen Alliierten die Kolonialkriege in Afrika keinesfalls unterhalten und die legitimen Forderungen des portugiesischen Volkes nach Frieden und Fortschritt nicht länger unterdrücken kann.

Wir sind uns der Lage, in der sich der Feind unseres Volkes befindet, wie auch der inneren und äußeren Faktoren und Umstände, die seine kriminelle Haltung ermöglichen und bedingen, vollkommen bewußt. Deshalb müssen wir das Stadium unseres Kampfes und die Perspektiven für seine Entwicklung ständig analysieren.

Der politisch-militärischen Aktivität der portugiesischen Kolonialisten in unserem Land liegen immer noch die fundamentalen politischen Ziele zugrunde:

— Positionen, die sie in den Stadtgebieten und in anderen noch unbesetzten Gebieten besetzt halten, zu verteidigen und zu befestigen.

— Die Bevölkerung in den befreiten Gebieten zu lähmen.

— Gewalttätig mit der Zerstörung materieller und menschlicher Ressourcen fortzufahren, die die siegreiche Entwicklung unseres Kampfes unterstützen.

– Den Befreiungskrieg zu binden, indem sie Afrikaner ermutigen, gegen Afrikaner zu kämpfen.

– Die Anwesenheit kolonialer Truppen in den strategisch wichtigen Gebieten um jeden Preis zu gewährleisten, in der Hoffnung, daß auf die Dauer gesehen unsere politische und militärische Organisation eines Tages in eine Krise gerät und schließlich auseinanderfällt.

– Unser Volk der brüderlichen Solidarität und des Nachschubs durch die Nachbarländer zu berauben, indem sie den offenen Angriff oder die bewaffnete Provokation gegen diese Länder einsetzen.

Mit dem Versuch, diese Perspektiven zu verwirklichen, praktiziert der Feind weiterhin die ›Zuckerbrot- und Peitschenstrategie‹. Dem Teil der Bevölkerung, den er noch kontrolliert, macht er Konzessionen auf sozialer Ebene und unterdrückt gleichzeitig auf grausame Weise alle diejenigen, die individuell oder kollektiv des Nationalismus verdächtigt werden oder unsere Partei aktiv unterstützen. Der Feind, der in dem Glauben handelt, das afrikanische Volk gehöre zu den ›am wenigsten intelligenten der Welt‹, hat jedoch die erhofften Ergebnisse noch nicht erreicht, und seine Verzweiflung über einen derartigen Mißerfolg wird mit jedem Tag offensichtlicher.

In den städtischen Zentren und anderen noch unbefreiten Gebieten (einige Küstenzonen, die Inseln vor Guinea und die Kapverdischen Inseln) wird die Lage des Feindes immer unsicherer. Das ist teilweise auf das täglich stärker werdende Zuschlagen unserer bewaffneten Kräfte zurückzuführen und teilweise auf ein von unserer Partei errichtetes Untergrundnetz in den Städten und auf den Inseln . . .

Ziehen wir die Schlüsse aus dem verbrecherischen Angriff der portugiesischen Kolonialisten gegen das Brudervolk der Republik Guinea. Verstärken und entwickeln wir den Kampf, um 1971 noch größere Siege zu erringen!*

Es scheint mir, daß ich am Ende des Jahres 1970 – das so reich an wichtigen Ereignissen war – und zu Beginn eines neuen Jahres des Kampfes unseres Volkes für Unabhängigkeit und Fortschritt hauptsächlich vom neuesten gemeinen Angriff reden muß, der vor 5 Wochen von den verbrecherischen portugiesischen Kolonialisten gegen das Brudervolk der Republik Guinea verübt wurde.

Das Ereignis ist noch frisch in unserem Gedächtnis, aber es bedarf unserer besonderen Aufmerksamkeit. Erstens, weil es sich um ein Ereignis von großer Tragweite handelt, nicht nur im Zusammenhang mit unserem bewaffneten Befreiungskampf, sondern auch für die Geschichte Afrikas und des portugiesischen Kolonialismus, ja sogar für den allgemeinen Kampf der Völker gegen den Imperialismus. Zweitens, weil es sich um ein neues Experiment handelt. Wir müssen daraus unsere Lehren ziehen, sowohl für die Gegenwart als auch für die Zukunft des Kampfes unseres Volkes für den Fortschritt. Und endlich, weil es ein großer Sieg für Afrika und alle anti-imperialistischen Kräfte ist, ein Sieg für unser Volk und unsere Partei und eine überaus schmachvolle, wenn nicht die schmachvollste Niederlage überhaupt in der Geschichte der Portugiesen...

Für uns ist es sehr wichtig, so klar wie möglich zu verstehen, warum die Kolonialisten einen so schwerwiegenden Irrtum begangen haben und warum sie gescheitert sind.

So verrückt die portugiesischen Kolonialisten auch sein können, so größenwahnsinnig ihr Vertreter bei uns auch sein mag, sie hätten sich niemals in ein solches Unternehmen eingelassen, wenn sie nicht von zwei Tatsachen überzeugt gewesen wären: von der stillschweigenden oder offenen Unterstützung ihrer imperialistischen Verbündeten und vom Erfolg des Unternehmens...

Die Regierung von Portugal weiß genau, wie sehr ihre Kolonialkriege von der politischen und materiellen Unterstützung ihrer Verbündeten abhängig sind. Diese stellten sich nicht

* Auszüge aus der Neujahrsbotschaft, gehalten am 1. Januar 1971 über ›Radio Libertaçâo‹ in portugiesischer Sprache, Creol, Balante und Foulah.

gegen die verbrecherischen Angriffspläne gegen die Republik Guinea, sondern erhofften, ja erwünschten die Verwirklichung eines alten Traumes, der ihnen sehr lieb ist: die Zerstörung der demokratischen, anti-neokolonialistischen Volksregierung dieses freien und unabhängigen afrikanischen Landes, dessen fruchtbares Beispiel ein andauerndes Hindernis bei der Rekolonisierung darstellt. Sie versorgen auch die portugiesischen Kolonialisten, deren schwierige Lage sie kennen, mit Waffen, wodurch sie das Verbrechen der Aggression gegen die Republik Guinea ermöglicht haben.

Die portugiesischen Kolonialisten ihrerseits haben genug Motive, um an irgendeinem Unternehmen teilzunehmen, das ihnen in ihrer Verzweiflung, mit der sie in unserem Land leben, wieder neue Hoffnungen gibt: erfolgreich unsere Partei zu zerstören, unseren Kampf um die Befreiung aufzuhalten und das ganze Volk wieder zu kolonisieren. Der Traum der Imperialisten, die Regierung von Guinea zu vernichten und sie durch eine andere zu ersetzen, die sich willig der neokolonialen Herrschaft fügt, ist auch der Traum der portugiesischen Kolonialisten.

Weil sie seit einiger Zeit einsehen müssen, daß sie trotz all ihrer Verbrechen den Kampf im Innern des Landes nicht aufhalten können, sind sie jetzt überzeugt, daß der Sturz der Regierung Guineas, unserer Hauptstütze im Ausland, die »einzige Lösung ist, den Krieg in Guinea zu beenden«, wie der Militärgouverneur von Bissao erklärte. Dies wiederum würde bedeuten, unsere Partei zu zerstören und unseren bewaffneten Befreiungskampf aufzuhalten. Darum haben die portugiesischen Kolonialisten die Methoden des Weltimperialismus bei ihrer Aggression gegen die Republik Guinea bewußt gebraucht...

Der natürlich von den Imperialisten gebilligte Plan sah folgendermaßen aus: In einer ersten Phase sollte das gegenwärtige Regime von Guinea durch ein anderes, der portugiesischen Herrschaft in unserem Land günstig gesinntes, ersetzt werden. Dann sollte unser Land in einer etappenweisen Entwicklung (deren Grenzen nicht fixiert wären) zu einer gewissen inneren Autonomie geführt werden, ohne aber die Unabhängigkeit zu versprechen. Nach Errichtung eines prokolonialistischen Regimes in der Republik Guinea wäre die Ermordung der obersten Führer unserer Partei eine große Hilfe, um unsere Partei und damit auch unseren Kampf zu zerschlagen. In einer zweiten Phase (die unmittelbar auf die erste folgen müßte, um die internationale Aufmerksamkeit vom Verbrechen gegen die Republik Guinea abzulenken) würde die portugiesische Verfassungsrevision angekündigt, in der das ›Prinzip der inneren Autonomie der überseeischen Provinzen‹ verwirklicht würde, die in

Wirklichkeit nur für Angola und Moçambique interessant wäre. Wie man weiß, sind diese beiden Gebiete Kolonien mit einer sehr starken weißen Bevölkerung. Die Zahl der Kolonialisten würde rapide erhöht, etwa bis zu einer Million Kolonialisten, seien es Portugiesen oder Weiße anderer Länder. In einer dritten Phase, die mit der Entwicklung eines Dialogs und der diplomatischen Beziehungen zwischen einigen afrikanischen Ländern und den Kolonialisten und Rassisten des südlichen Afrikas zusammenfiele, hätte man eine neue, breitangelegte politische Kampagne und militärische Operationen in Szene gesetzt, um die noch vorhandenen Überreste unserer eigenen Befreiungsbewegung, vor allem aber diejenigen Angolas und Moçambiques zu zerstören, die sicher durch den Sturz der Regierung Guineas (Conakry, d. Hrsg.) und durch die Zerstörung unserer Partei demoralisiert und geschwächt wären. Für diese letzte Phase zählten die portugiesischen Kolonialisten, mit oder ohne Grund, auf die Unterstützung einiger afrikanischer Staaten.

Dieser Plan erklärt die in einigen Punkten unbegreifliche Tatsache, daß die Kolonialisten den schwerwiegenden Irrtum begangen haben, die Republik Guinea nur wenige Tage nach der Rede von Marcelo Caetano anzugreifen, in der er die Revision der Verfassung, die die Sympathie und Unterstützung einiger Afrikaner genießen könnte, ankündigte. Dies erklärt auch die absurde Tatsache, daß Marcelo Caetano Guinea und den Kapverdischen Inseln, als er in seiner Rede von der Autonomie sprach, keine Hoffnungen machte. Die ihm bekannte Wirklichkeit in unserem Land ist, daß wir einerseits nicht nur autonom sind, sondern auch in mehr als zwei Dritteln des nationalen Gebietes die Souveränität ausüben, und daß andererseits in unserem Gebiet die Bevölkerung europäischer Herkunft nicht groß genug ist, um ein neues ›Rhodesien‹ garantieren zu können. Dies planten die portugiesischen Kolonialisten in Angola und Moçambique – als einzige annehmbare Lösung, um ihren Kolonialkriegen ein Ende zu setzen...

Aber warum sind die portugiesischen Kolonialisten mit ihrer Aggression gegen die Republik Guinea gescheitert?

Natürlich ist es die klare und mutige Antwort des Brudervolkes von Guinea und seiner Streitkräfte, die den portugiesischen Kolonialisten und dem Imperialismus diese schon historische Niederlage zugefügt haben. Aber man muß auch sehen, daß die innere Ursache ihres Abenteuers und folglich auch ihrer schmerzhaften Niederlage in der portugiesischen Mentalität liegt. Sie wurzelt u. a. in der jahrhundertelangen Verachtung, die die portugiesischen Kolonialisten gegenüber den afrikanischen Menschen immer gezeigt haben.

Diese Verachtung, die im berühmten Satz Salazars: »Afrika existiert nicht« zum Ausdruck kommt, ist längst ebenso durch die Geschichte der Beziehungen Portugals zu Afrika, wie durch die Taten des portugiesischen Kolonialismus und das Verhalten der Portugiesen gegenüber dem afrikanischen Menschen bewiesen worden.

Von den ersten Zeiten der sogenannten Entdeckung oder der ›Achamentos‹ (zufälliger Fund, d. Hrsg.) bis zu den Verbrechen des Sklavenhandels, von den kolonialen Eroberungskriegen bis zum goldenen Zeitalter des Kolonialismus, von den ersten ›Reformen‹ in Übersee bis zu den Kolonialkriegen und den Völkermorden unserer Tage, haben die portugiesischen Kolonialisten immer ihre abergläubische Mentalität und ihren primitiven Rassismus gegenüber dem afrikanischen Mann bewiesen, den sie als von Natur aus untergeordnet betrachten und noch immer betrachten, der unfähig ist, sein Leben zu gestalten und seine Interessen zu verteidigen, den zu betrügen leicht ist, der ohne Kultur und Zivilisation ist.

Um all dies zu belegen, ist es nicht notwendig, von den Befehlen zu sprechen, die die Könige Portugals ihren Matrosen für die Kontakte mit den Afrikanern gaben; es ist nicht notwendig, die Verbrechen, die die Sklavenjäger und -händler begingen, in Erinnerung zu rufen, noch die unmenschlichen Bedingungen, die während der ganzen Kolonialzeit den Afrikanern, den sogenannten Eingeborenen, auferlegt wurden, die von den Portugiesen de jure wie de facto als Untermenschen, wenn nicht wie Tiere behandelt wurden; es ist auch nicht notwendig, die alten und neuen Führer Portugals und der Kolonien zu zitieren, ebensowenig wie Salazar. Es genügt, die Vorlesungen der juristischen Fakultät von Lissabon durchzusehen, und zwar denjenigen Teil, der sich auf die Kolonien bezieht und der vom heutigen Staatschef Marcelo Caetano stammt; es genügt, eine Bestandsaufnahme der in Angola und Moçambique vom gegenwärtigen Militärgouverneur von Bissao verübten Verbrechen zu machen; es genügt, sich an die Verbrechen zu erinnern, die täglich von den portugiesischen Offizieren, Soldaten und Piloten gegen die friedliche Bevölkerung und die afrikanischen Patrioten von Guinea, Angola und Moçambique verübt wurden.

Im Rahmen dieser traditionellen Verachtung des afrikanischen Menschen und dem Glauben an die angeborene Unfähigkeit dieser ›großen Kinder‹ (wie die Portugiesen sagen) haben die portugiesischen Kolonialisten die Aggression gegen die Republik Guinea beschlossen und ausgeführt. Sie haben geglaubt, sie würden einem schwachen unwissenden und desorganisierten Volk gegenüberstehen. Von ihrer natürlichen Überlegenheit überzeugt waren sie sicher, daß der afrikanische Mensch der Republik Guinea unfähig sei zu wissen, wo seine wirklichen Interessen liegen und sie wirksam zu verteidigen. Sie waren sogar überzeugt, unsere Bevölkerung mit der Lüge ihres ›besseren Guineas‹ täuschen zu können. Die portugiesischen Kolonialisten – sie vor allem – denken nie daran, daß auch der Afrikaner ein menschliches Wesen ist. Zu lernen, daß wir Afrikaner Menschen sind, kommt sie je länger desto teurer zu stehen.

Darum sind sie gescheitert. Darum werden sie bei allen ihren Unternehmungen in Afrika scheitern. Aus Afrika werden die portugiesischen Kolonialisten sicherlich vertrieben werden . . .

Die Rolle der Kultur im Befreiungskampf*

Der Befreiungs- und Unabhängigkeitskampf vieler Völker, zweifellos eines der besonderen Kennzeichen unserer Zeit, ist eine zum Fortschritt der Menschheit beitragende Kraft geworden.

Der Machterweiterungsdrang der Großmächte, der mit der wirtschaftlichen und politischen Entwicklung eines großen Teils der Menschheit notwendig einherging, hat, wenn man ihn unvoreingenommen betrachtet, trotz all seiner bekannten negativen Begleiterscheinungen doch auch bleibende, positiv zu wertende Folgen gehabt. Das von den Kolonialmächten in einem halben Dutzend Staaten der nördlichen Halbkugel angesammelte Kapital hat nicht etwa nur zu kolonialen Vorrechten und einer Teilung der Welt geführt. Es hat auch, immer auf der Suche nach höheren Gewinnen, die Fähigkeiten der Menschen gefördert, sie zur Steigerung ihrer Leistungen angespornt und dadurch eine beschleunigte wissenschaftliche und technologische Entwicklung bewirkt. Diese hat zu tiefgreifenden Veränderungen auf dem Gebiet der Produktionsmittel sowie zu einer fortschreitenden Vergesellschaftung der Arbeit geführt und einer breiten Schicht der Bevölkerung zu einem verbesserten Lebensstandard verholfen.

In den Kolonialländern, in denen die Fremdherrschaft für gewöhnlich die eigenständige Entwicklung der Bevölkerung zum Stillstand brachte — falls sie nicht sogar deren vollständige Ausrottung zur Folge hatte —, führte das Kapital der Machthaber zu neuen Beziehungsformen innerhalb der einheimischen Gesellschaft, deren Aufbau vielgestaltiger wurde. Es bildeten sich soziale Gegensätze heraus, Konflikte entstanden, wurden geschürt und ausgeweitet oder gelöst. Der vermehrte Geldumlauf und die Entwicklung des Binnen- und Außenhandels ließen neue Wirtschaftsformen entstehen; aus ethnischen Gruppen oder Völkern auf unterschiedlichen geschichtlichen Entwicklungsstufen wurden Nationen.

Es bedeutet keineswegs eine Verteidigung machtpolitischer Expansionsbestrebungen, wenn man feststellt, daß die Kolonialherrschaft der von ihr beherrschten Welt neue Horizonte eröffnete, der menschlichen Gesellschaft neue Impulse gab und trotz — oder wegen — der Vorurteile und Diskriminierungen die

* Geplante Rede vor einer Expertenkommission der UNESCO in Paris vom 7. 7. 72, die von Amilcar Cabral jedoch nicht gehalten wurde, da die französische Regierung die Sicherheit Cabrals nicht gewährleisten konnte.

grundlegende Erkenntnis von der Menschheit als einem zusammenhängenden, in Bewegung befindlichen Ganzen, einer vielgestaltigen Einheit verschiedener Entwicklungsformen vermittelte.

Die Kolonialherrschaft begünstigte Begegnungen und Auseinandersetzungen zwischen gänzlich verschiedenen Menschen und Kulturen. Kolonialherrschaft – ob bejaht oder abgelehnt – erforderte und erfordert auch heute noch eine mehr oder weniger umfassende Kenntnis der beherrschten Völker und deren geschichtlichem Hintergrund auf wirtschaftlicher, gesellschaftlicher und kultureller Ebene. Diese Kenntnis beruht notwendigerweise auf einem Vergleich mit der geschichtlichen Vergangenheit der fremden Machthaber.

Bei einer Begegnung zweier Völker mit unterschiedlicher geschichtlicher Vergangenheit ist ein solches Verständnis für die Machthaber unerläßlich. Trotz ihres oft einseitigen, willkürlichen und parteiischen Charakters trugen sie zu einer Bereicherung der Human- und Sozialwissenschaften bei.

Nie zuvor hatte der Mensch so viel Wert darauf gelegt, andersgeartete Menschen und Gesellschaften kennenzulernen wie in unserem modern-kapitalistischen Zeitalter. Es wurde eine Unzahl von Informationen, Annahmen, Theorien – vor allem auf den Gebieten der Geschichte, Ethnologie, Ethnographie, Soziologie und Kultur – über die unter Kolonialherrschaft lebenden Völker und Gruppen zusammengetragen.

Begriffe wie Rasse, Kaste, Volksgruppe, Stamm, Nation, Kultur, Identität, Menschenwürde und andere mehr bildeten in zunehmendem Maße Gegenstand besonderer Studien, die sich mit den sogenannten Entwicklungsländern befaßten.

Mit dem Aufkommen der Befreiungsbewegungen in diesen Ländern wurde es notwendig, die Eigenheiten dieser Gesellschaftsformen, soweit sie für den von ihnen geführten Kampf von Bedeutung sind und ihn fördern oder hemmen, zu untersuchen. Dabei sind sich die Forscher weitgehend darüber einig, daß der Kultur in diesem Zusammenhang ganz besondere Bedeutung zukommt. Jeder Versuch, die Rolle der Kultur bei der Entwicklung von Befreiungsbewegungen zu bestimmen, ist demnach für den Kampf dieser Völker eine nützliche Hilfe.

Die Unabhängigkeitsbewegungen sind meist von Anfang an durch verstärkte kulturelle Aktivität gekennzeichnet. Das hat zu der Annahme geführt, daß diesen Bewegungen eine kulturelle Wiedergeburt der betreffenden Völker vorangehe, ja daß die Kultur geradezu das geeignete Mittel sei, um die Gruppe zu mobilisieren. Man sah darin gleichsam eine Waffe für den Unabhängigkeitskampf.

Aufgrund unserer eigenen Erfahrungen im Kampf um die

Unabhängigkeit – und diese Erfahrungen gelten wohl auch für die übrigen afrikanischen Länder – erscheint mir dies allerdings als eine zu eng gefaßte, wenn nicht gar irrige Auffassung von der Rolle, die die Kultur bei der Entwicklung von Befreiungsbestrebungen spielt. Es handelt sich dabei vermutlich um eine etwas vorschnelle Verallgemeinerung einer tatsächlich vorhandenen, aber auf die kolonialisierten Eliten oder Diasporas beschränkten Erscheinung. Dabei wird ein wichtiger Faktor außer acht gelassen, nämlich die Unzerstörbarkeit des kulturellen Widerstandes der Volksmassen gegenüber den fremden Machthabern.

Mit wenigen Ausnahmen war, zumindest in Afrika, die Kolonialzeit zu kurz, um die wichtigsten Kulturelemente zu zerstören oder zu entwerten. Die in Afrika gemachten Erfahrungen zeigen, daß nach Ansicht der Kolonialmächte – abgesehen von Völkermord, rassischer Diskriminierung und Apartheid – die Assimilation das einzige Mittel ist, um den kulturellen Widerstand der beherrschten Völker zu überwinden. Der vollständige Mißerfolg dieser Kolonialpolitik ist ein klarer Beweis gegen diese Theorie und für die Widerstandskraft der eingeborenen Bevölkerung.

Andererseits ist in Siedlungen, wo die überwiegende Mehrheit der Bevölkerung aus Eingeborenen besteht, die Einflußnahme der Kolonialherren beschränkt; sie wirkt sich nur in den Küstenstrichen und einigen eng begrenzten Gebieten im Landesinnern aus. Außerhalb der Hauptstadt und einiger anderer größerer Städte zeigen sich kaum Anzeichen einer Akkulturation. Diese macht sich nur an der Spitze der vom Kolonialismus selbst geschaffenen sozialen Pyramide, vor allem in einer Schicht der Eingeborenenbevölkerung bemerkbar, die man als eingeborenes Kleinbürgertum bezeichnen könnte, und in geringfügigem Maße auch bei der Arbeiterschaft der Städte.

Es gibt weder bei den Massen noch bei der Oberschicht – den Stammesführern, Ältestenfamilien, religiösen Führern – eine Zerstörung oder nennenswerte Abwertung der Kultur und der Überlieferungen.

Unterdrückt, verfolgt, erniedrigt und verraten von gewissen, mit den Fremden liebäugelnden Kreisen, hat sich die Kultur in die Dörfer, Wälder und in die Gemüter der Beherrschten geflüchtet und alle Stürme siegreich überlebt, um in den Befreiungskämpfen ihre Möglichkeiten neu zu entfalten.

Das ist der Grund, weshalb sich für die Massen des Volkes die Frage einer Rückkehr zu den Quellen oder einer kulturellen Wiedergeburt gar nicht stellt. Das Volk selbst ist der Träger und die Quelle der Kultur, die legitime Kraft, die Kultur erhalten und schaffen, die Geschichte machen kann.

Um die Rolle der Kultur bei der Entwicklung der Befreiungsbewegungen richtig zu beurteilen, muß man deshalb – zumindest in Afrika – zwischen der Situation der Volksmassen unterscheiden, die ihre Kultur bewahrt haben, und derjenigen der mehr oder weniger assimilierten, kulturell entfremdeten Bevölkerungskreise.

Die durch die Kolonialisierung herangezogenen Eliten der Eingeborenen haben, trotz Beibehaltung gewisser charakteristischer Grundzüge der Eingeborenenkultur, sich praktisch weitgehend die fremde Kultur zu eigen gemacht, mit der sie sich in ihrer sozialen Einstellung und in der Wertschätzung der einheimischen Kulturwerte weitgehend identifizieren.

So bildete sich unter der Kolonialherrschaft innerhalb zweier oder dreier Generationen eine Gesellschaftsschicht heraus, die sich aus Staatsbeamten und Angestellten verschiedener Wirtschaftszweige, Mitglieder freier Berufe und einigen städtischen und ländlichen Grundbesitzern zusammensetzt.

Dieses eingeborene, durch die Fremdherrschaft geschaffene und für die koloniale Regierungsform unentbehrliche Kleinbürgertum steht zwischen der arbeitenden Bevölkerung auf dem Lande und in den Städten und der Minderheit von ortsansässigen Vertretern der Kolonialmacht.

Obschon es mehr oder weniger enge Beziehungen zur Masse der Bevölkerung und deren traditionellen Führern unterhält, ist es doch im allgemeinen bemüht, die Lebensweise der fremden Minderheit zu übernehmen und sich derselben immer weitgehender anzupassen, sehr oft auf Kosten familiärer und ethnischer Bindungen und immer auf Kosten des Individuums.

Trotzdem gelingt es, von einigen Ausnahmen abgesehen, diesem Kleinbürgertum nicht, die durch die Form des Zusammenlebens aufgerichteten Schranken zu durchbrechen. Seine Mitglieder bleiben Gefangene der widersprüchlichen kulturellen und sozialen Wirklichkeit, in der sie leben, und können ihrer Situation als Klasse am Rande nicht entfliehen. Dieses Dasein am Rande ist das eigentliche gesellschaftliche und kulturelle Drama der kolonialen Eliten oder auch des eingeborenen Kleinbürgertums. Je nach den wirtschaftlichen Bedingungen und dem Ausmaß der Angleichung an die umgebende Kultur ist es mehr oder weniger ausgeprägt.

Daraus entwickelt sich schließlich für den einzelnen ein wachsendes Gefühl der Bitterkeit, ein Gefühl, nicht zum Zuge zu kommen. Gleichzeitig werden sich diese Menschen eines immer zwingenderen Bedürfnisses bewußt, sich gegen ihr Randdasein aufzulehnen und ihre Rechtfertigung zu überdenken. Sie wenden sich deshalb dem anderen Pol des gesellschaftlichen Konflikts zu, den eingeborenen Volksmassen.

Daher also jene Rückkehr zu den Quellen, die sich um so gebieterischer gestaltet, je mehr sich dieses Kleinbürgertum abgesondert und zurückgesetzt fühlt. Das gleiche gilt auch für die in den kolonialistisch genormten Hauptstädten lebenden Afrikaner. Es ist kein Zufall, daß sich Theorien und Befreiungsbewegungen wie diejenigen des Panafrikanismus und der ›Négritude‹ außerhalb Schwarzafrikas entwickelten.

Aber diese Rückkehr zu den Quellen ist an sich noch kein aktiver Kampf gegen die Fremdherrschaft und kann auch nicht eine Rückkehr zu den alten Überlieferungen sein. Vielmehr verneint das eingeborene Kleinbürgertum damit die vermeintliche Überlegenheit der Kultur der Kolonialmacht.

Die Rückkehr zu den Quellen ist kein freiwilliger Schritt, sondern die einzig mögliche Antwort der beherrschten und ausgebeuteten Volksmassen an die Adresse der fremden Herren.

Sobald die Rückkehr zu den Quellen über das Erlebnis des einzelnen hinaus in Gruppen und Bewegungen zum Ausdruck kommt, wird sie vom bloßen Einspruch zum verborgenen oder offenen Konflikt, zum Auftakt der Unabhängigkeitsbewegung, zum Kampf um die Befreiung von der Fremdherrschaft.

So ist die Rückkehr zum Ursprung nur dann geschichtlich von Bedeutung, wenn sie sich nicht nur als spontaner Einsatz im Unabhängigkeitskampf äußert, sondern sich auch als vollständiges Einverständnis mit den Zielen und Idealen der Volksmassen versteht, die sich nicht nur gegen die fremde Kultur, sondern gegen die Fremdherrschaft überhaupt auflehnen. Andernfalls ist die Rückkehr zu den Quellen nur ein Mittel, um sich vorübergehende Vorteile zu verschaffen, also eine Art von bewußtem oder unbewußtem politischem Opportunismus.

Allerdings vollzieht sich diese Rückkehr zum Ursprung, sei sie nun scheinbar oder echt, innerhalb des eingeborenen Kleinbürgertums nicht gleichzeitig und einheitlich. Es handelt sich dabei um einen langwierigen und ungleichförmig verlaufenden Prozeß, dessen Entwicklung vom Grad der kulturellen Angleichung des einzelnen abhängt, von seinen materiellen Lebensbedingungen und seinen Idealen sowie der individuellen und sozialen Entwicklung.

Infolge dieser Ungleichheiten ist das eingeborene Bürgertum hinsichtlich seiner Einstellung zur Befreiungsbewegung in drei Gruppen gespalten: eine Minderheit, die sich, selbst wenn sie das Ende der Fremdherrschaft herbeiwünscht, an die herrschende koloniale Oberschicht klammert und sich aus Gründen der Verteidigung ihrer sozialen Stellung offen der Befreiungsbewegung widersetzt; eine zögernde und unentschlossene Mehrheit und eine weitere Minderheit, die sich aktiv an der Schaffung und Leitung der Freiheitsbewegungen beteiligt.

Doch vermag sich diese letztere Gruppe, die eine entscheidende Rolle im Vorstadium der Entwicklung der Befreiungsbewegung spielt, mit den Volksmassen, deren Kultur und Zielen nur durch einen gemeinsamen Kampf zusammenzufinden.

Die Kultur hat sich als das eigentliche Fundament der Befreiungsbewegung erwiesen. Nur solche Gesellschaften, die sich ihre Kultur bewahrt haben, können ihre besten Kräfte mobilisieren und den Kampf gegen die Fremdherrschaften aufnehmen. Welches auch immer ihre Normen sein mögen, Kultur ist ein wesentlicher Bestandteil jeder geschichtlichen Entwicklung. Sie kann Kräfte zur Entfaltung bringen und wirksam werden lassen, die den Fortgang der Geschichte gewährleisten und zugleich für den Fortschritt oder den Stillstand der Gesellschaft bestimmend sind.

Daher beeinträchtigt die Kolonialherrschaft, die eine geschichtliche Weiterentwicklung der von ihr beherrschten Völker verhindert, auch deren kulturellen Entwicklungsprozeß. Da eine Gesellschaft, der die Befreiung vom Joch der Fremdherrschaft gelingt, zugleich den Weg ihrer eigenen kulturellen Weiterentwicklung wieder aufnimmt, kommt dem Befreiungskampf vor allem kulturelle Bedeutung zu. Er ist und bleibt aber in erster Linie ein politisches Vorhaben und läßt sich nur mit politischen Mitteln verwirklichen.

Die Kultur ist keine Waffe, kein ausreichendes Mittel zur Mobilisierung der Bevölkerung gegen Fremdherrschaft. Sie ist weit mehr als das. Nur aufgrund einer umfassenden sachlichen Kenntnis der örtlichen und insbesondere auch der kulturellen Gegebenheiten lassen sich geeignete Kampfmethoden entwickeln. Deshalb muß jede Befreiungsbewegung nicht nur den Wesenszügen der Kultur der beherrschten Gesellschaft als Ganzes Rechnung tragen, sondern auch denjenigen der verschiedenen sozialen Schichten. Denn obwohl die Kultur auch Massenaspekte aufweist, ist sie keineswegs einheitlich und entwickelt sich nicht in allen Teilen und Schichten einer Gesellschaft auf gleiche Weise.

Natürlich sind zunächst einmal wirtschaftliche Beweggründe für die Einstellung und das Verhalten einer Gesellschaftsschicht oder des einzelnen gegenüber dem Kampf und dessen Verlauf ausschlaggebend, doch spielen ebensosehr kulturelle Faktoren eine maßgebliche Rolle. Es sind ja weitgehend unterschiedliche Kulturausprägungen, die den unterschiedlichen Verhaltensweisen einzelner, derselben Schicht angehöriger Personen zugrunde liegen.

In diesem Zusammenhang erst läßt sich die volle Bedeutung des Kulturbewußtseins für den einzelnen ermessen. Es ermöglicht das Verständnis und die Einordnung in die soziale Umwelt, das

Sichanpassen an die Hauptprobleme und -ziele der Gesellschaft, die Bejahung oder Ablehnung von Entwicklungsbestrebungen im Dienst des Fortschritts.

Ungeachtet seiner Form verlangt der Kampf die Mobilisierung und den Zusammenschluß einer überwiegenden Mehrheit der Bevölkerung, politische und moralische Einigkeit unter den verschiedenen Bevölkerungsschichten, allmählichen Abbau von Überresten eines Stammes- und Feudaldenkens, Abschaffung sozialer und religiöser Tabus, die mit dem rationalen und nationalen Charakter der Befreiungsbewegung unvereinbar sind, sowie zahlreiche andere tiefgreifende Änderungen im Leben der Bevölkerung.

Dies ist unerläßlich, weil die Dynamik des Kampfes eine demokratische Grundlage erfordert. Eigenes Urteilsvermögen und zunehmende Mitbestimmung der Bevölkerung in Fragen ihrer Lebensführung, Alphabetisierung, Errichtung von Schulen und Gesundheitsdienst, die Heranbildung von geschulten Fachkräften u. a. gehören unabdingbar zum sozialen und wirtschaftlichen Entwicklungsprozeß. Das beweist, daß der Befreiungskampf nicht nur ein kultureller Tatbestand, sondern eine kulturelle Triebkraft ist.

Bei den Vertretern der Kolonialmacht und der öffentlichen Meinung im Mutterland ruft der Befreiungskampf zunächst meist Erstaunen, Überraschung und Ungläubigkeit hervor. Ist dieser erste Eindruck, der weitgehend durch die eingebürgerten Vorurteile bedingt ist, verflogen, erfolgen, je nach den Interessen der politischen, kolonialistischen und rassistischen Einstellung des einzelnen oder ganzer sozialer Schichten, sehr unterschiedliche Reaktionen.

Die Fortschritte des Kampfes und die durch polizeiliche und militärische Maßnahmen der Kolonialherren bedingten Opfer bewirken im Mutterland eine Spaltung der öffentlichen Meinung, die in unterschiedlichen, wenn nicht gegensätzlichen Standpunkten zum Ausdruck kommt und das Aufkommen neuer politischer und sozialer Konflikte mit sich bringt.

Erweist sich der Kampf schließlich, trotz aller Gegenmaßnahmen, als feststehende Tatsache, vollzieht sich bei der Kolonialmacht zumeist ein Gesinnungswandel. Man findet sich allmählich mit der unausweichlichen Realität der Unabhängigkeit der Kolonie ab.

Dieser Wandel bedeutet die bewußte oder unbewußte Anerkennung der politischen und kulturellen Mündigkeit des unter Kolonialherrschaft stehenden Volkes. Und dies, obwohl im Verlauf des Konflikts eine auf ihren Eigeninteressen und Vorurteilen beharrende aktive Minderheit dem Volk auch weiterhin das Recht auf Unabhängigkeit abspricht und die Wertgleichheit der Kulturen, die dieses Recht voraussetzt, verneint. In einem entscheidenden Zeitpunkt des Kampfes wird diese Wertgleichheit auch von der Kolonialmacht unausgesprochen anerkannt. Um den Kampf von seinen Zielen abzulenken, wird eine demagogische Politik einer sogenannten wirtschaftlichen und sozialen Förderung und kulturellen Entwicklung im Dienste neuer, verhüllter Machtbestrebungen betrieben.

Wenn der Neokolonialismus in erster Linie eine versteckte Fortsetzung der wirtschaftlichen Beherrschung seitens der Kolonialmacht ist, bedeutet er doch auch ein unausgesprochenes Eingeständnis, daß das kolonialisierte Volk eine Eigenständigkeit besitzt, die ihre eigene politische Ordnung und Regierung erfordert, damit dessen kulturelle Erfordernisse befriedigt werden können.

Die Anerkennung eines eigenen Selbstverständnisses des Kolonialvolkes und des damit verbundenen Rechts auf Selbstbestimmung und Unabhängigkeit bedeutet für die öffentliche Meinung des Mutterlandes selbst einen kulturellen Fortschritt und beseitigt ein negatives Element in dessen eigener Kultur — das Vorurteil hinsichtlich der Überlegenheit der Kolonialherren gegenüber den kolonialisierten Völkern. Dieser Fortschritt kann bedeutsame, ja unabsehbare Folgen für die politische Entwicklung der imperialistischen oder kolonialen Mächte haben, wie einige Beispiele der jüngsten Geschichte zeigen.

Das Vorhandensein gewisser genetischer, körperlicher und kultureller Ähnlichkeiten zwischen bestimmten Menschengruppen sowie eine ähnliche Lage der kolonialen oder rassistischen Unterdrückung führten zur Formulierung von Theorien und von Bewegungen, die sich auf rassischen oder kontinentalen Kulturen gründen.

Die große Bedeutung der Kultur für die Befreiungsbewegung trug dazu bei, daß diese Hypothesen weithin Gehör fanden. Ohne die Bedeutung solcher Theorien und Bewegungen als Versuche zur Wiederfindung der Eigenständigkeit oder als Kampfmittel gegen fremde Beherrschung schmälern zu wollen, zeigt eine sachliche Beurteilung, daß es rassische oder kontinentale Kulturen nicht gibt.

Erstens ist die Kultur, wie die Geschichte, eine stets im Fluß befindliche Erscheinung, die eng mit der wirtschaftlichen und sozialen Umwelt, dem Entwicklungsstand der Produktionskräfte und den Produktionsbedingungen der Gesellschaft verknüpft ist, die sie trägt. Zweitens vollzieht sich die Entwicklung der Kultur innerhalb eines Erdteils, einer Rasse, ja sogar innerhalb einer Gesellschaft auf ungleiche Art. In Wirklichkeit verlaufen die Entwicklungsrichtungen einer Kultur — wie diejenigen aller anderen Entwicklungen auch — in Raum und Zeit sehr unterschiedlich, ob es sich nun um materielle (physikalische) oder menschliche (biologische und soziologische) Gegebenheiten handelt.

Deshalb ist die Kultur – eine Schöpfung der Volksgemeinschaft, eine Synthese der Lösungen und Kompromisse, als Resultat bestimmter charakteristischer Konfliktsituationen im Lauf der geschichtlichen Entwicklung – eine soziale, vom Willen des Menschen, seiner Hautfarbe, seiner Augenform sowie von geographischen Grenzen gänzlich unabhängige Erscheinung.

Soll die Kultur bei der Befreiung die ihr zukommende Funktion erfüllen, muß die Bewegung genaue Ziele festlegen, die auf dem Weg der Wiedergewinnung der Rechte des Volkes, das sie vertritt, erreicht werden sollen. Dazu gehört das Recht auf eigene Geschichte und auf die freie Verfügung über die eigenen Produktionskräfte. Auf diese Weise kann der Weg zu einer dem Volk gemäßen nationalen, wissenschaftlichen und universellen Kultur geebnet werden.

Es ist für die Freiheitsbewegung nicht wichtig, den Beweis für die Eigenständigkeit oder Nichteigenständigkeit der Kultur eines Volkes zu erbringen, sondern es ist wichtig, eine kritische Analyse dieser Kultur vorzunehmen im Hinblick auf die Erfordernisse des Kampfes und des Fortschritts, und sie ohne Überheblichkeit oder Minderwertigkeitsgefühle in die Gesamtheit der Kulturen einzureihen, als Teil des gemeinsamen Erbes der Menschheit.

Die einzige Lösung: die Unabhängigkeit*

Ich weiß, daß heute wie gewöhnlich in den Versammlungen und den anderen Manifestationen zum Jahrestag unserer Partei die Erinnerungen an die Zeit der Gründung, ihre Geschichte, die Unterdrückung, die Ausbeutung und erzwungene Ungerechtigkeit, in der unser Volk vor der Schaffung unserer Partei und vor dem Kampfe lebte, wachgerufen wird. Auch nehmen wir mit kritischem Geiste die Errungenschaften und Siege unseres Volkes unter der Leitung der Partei auf, welche zu einer tiefgehenden Veränderung der Lage in unserem Lande wie auch im internationalen Kontext geführt haben...

Die portugiesischen Kolonialisten und ihre Führer müssen wissen, daß es in unserem afrikanischen Land nur eine Möglichkeit zur Beilegung des Konfliktes zwischen unserem Volke und der portugiesischen Regierung gibt: die Unabhängigkeit. Diese Wahrheit müssen sie begreifen: es ist noch möglich, die Ehre der portugiesischen Nation (die durch die Verbrechen der Kolonialisten schon stark beschmutzt ist) wie auch die Interessen Portugals an unserem Land (die durch den Kolonialkrieg schon sehr kompromittiert sind) zu erhalten, ohne die Souveränität und die Interessen unseres Volkes zu schädigen. Das ist jedoch nur möglich, wenn die Regierung unter Respektierung der Rechte des Volkes auf Unabhängigkeit zu Verhandlungen mit der Partei bereit ist. Auf dieser Basis – und nur auf dieser – könnte unsere Partei, die der authentische und legitime Vertreter des afrikanischen Volkes von Guinea und den Kapverden ist, die Möglichkeit einer Zusammenarbeit mit Portugal ins Auge fassen, d. h. auf der Basis der Gleichberechtigung und Gegenseitigkeit der Vorteile und Interessen unseres und des portugiesischen Volkes...

Weil wir am Anfang einer neuen, entwickelteren Phase des Kampfes unseres Volkes für die Unabhängigkeit stehen, fordere ich alle afrikanischen Patrioten in Guinea und auf den Kapverdischen Inseln auf, sich jeden Tag vermehrt in unserer Partei zu sammeln, um ihre wertvolle Mitarbeit für den Fortschritt des Kampfes zu geben, was auch immer ihre politische oder religiöse Vorstellung, ihre soziale oder kulturelle Situation sein mag. Unser Volk benötigt die Mitarbeit aller seiner Kinder – Frauen und Männer, Junge und Erwachsene – um sein Ziel, die Unabhängigkeit, den Frieden und den Fortschritt –, erfüllen

* Auszüge der Rede zum 16. Jahrestag der Gründung der Partei, gehalten am 19. September 1972.

zu können. Die Geschichte wird nur die Namen derjenigen in Ehre bewahren, die sich weigerten, mit den Kolonialisten zusammenzuarbeiten und ihre Mitarbeit dem Triumph unseres Kampfes widmeten.

Unter diesem Gesichtspunkt und mit dieser Gewißheit richte ich einige Worte an diejenigen, welche in Guinea oder auf den Kapverdischen Inseln ihren Militärdienst in den portugiesischen Streitkräften leisten. Im Laufe der letzten Monate hat eine große Zahl von Angehörigen der sogenannten ›afrikanischen Kompanien‹ die Truppe der Kolonialisten verlassen und sich unseren Reihen angeschlossen. Dies ist eine wichtige Tatsache, die beweist, daß unsere afrikanischen Brüder, die getäuscht oder gezwungen wurden, in die portugiesische Armee einzutreten, viel aus eigener Erfahrung gelernt haben und entschlossen sind, aus ihrer unwürdigen und beschämenden Rolle herauszukommen, die die Portugiesen ihnen zugedacht haben. Sie haben mit ihrem Blut und ihrem Leben – und Erniedrigungen jeglicher Art – die Zusammenarbeit mit den portugiesischen Kolonialisten gegen die Interessen unseres Volkes bezahlen müssen...

Ich fordere unsere afrikanischen Brüder in der Kolonialarmee auf, ihr patriotisches Gewissen zu zeigen, sich der Verantwortung vor unserem Volke bewußt zu sein, sich zu weigern, ihre eigenen Brüder zu töten und in Gruppen mit ihren Waffen zu desertieren, um sich unserer Partei anzuschließen und sich vollständig dem Volkskampf zu widmen. Wir Afrikaner werden nie die Mörder unseres eigenen Volkes – auch nicht der portugiesischen Kolonialgarde – sein. Wie immer werden alle unsere Brüder, die die portugiesische Kolonialarmee verlassen, von unseren Kämpfern und unserer Bevölkerung mit Freude aufgenommen und als wahre Patrioten behandelt.

Von den Kapverdischen Inseln wissen wir, daß es in der Kolonialarmee immer wieder zu Auseinandersetzungen zwischen Soldaten der Kapverden und Europäern kommt. Wir sind sicher, daß diese Konflikte von Tag zu Tag wichtiger werden. Wir raten unseren afrikanischen Freunden in der Kolonialarmee auf den Kapverden, sich geschickt zu organisieren, unsere Partei zu kontaktieren und sich darauf vorzubereiten, eine wichtige Rolle als Kader im Kampfe unseres Volkes auf den Kapverdischen Inseln zu führen – einem Kampf, den keine Kraft aufhalten kann...

Neujahrsbotschaft 1973*

Genossen, Landsleute,
In diesem Augenblick, wo wir in ein neues Jahr des Lebens und
des Kampfes eintreten – und der Kampf um die Unabhängigkeit unseres afrikanischen Volkes dauert jetzt schon zehn Jahre
–, muß ich allen Militanten, Kämpfern, Verantwortlichen und
Führern unserer Partei in Erinnerung rufen, daß dies die
Stunde der Taten und nicht der Worte ist. Jeden Tag heftigere
und wirkungsvollere Aktionen in Guinea, um den portugiesischen Kolonialisten große Niederlagen zu bereiten und all ihre
ebenso kriminellen wie grundlosen Ansprüche, unser Land
zurückzuerobern, zurückzuweisen! Jeden Tag besser entwik-
kelte und organisierte Aktionen auf den Kapverdischen Inseln,
um den Kampf in Übereinstimmung mit den Hoffnungen unseres Volkes und den Geboten unserer Partei zur Befreiung
unseres Vaterlandes in eine neue Phase zu führen!
Indessen möchte ich die Tradition respektieren und ihnen in
diesem Moment, in dem alle Menschen, die den Frieden, die
Freiheit und das Glück wollen, ihre Hoffnungen und ihre
Gewißheit auf ein besseres Leben in Würde, Unabhängigkeit
und wahrem Fortschritt für alle Völker erneuern, einige Worte
sagen.
Wie jedermann weiß, haben wir im Laufe des vergangenen
Jahres in den befreiten Gebieten aufgrund des allgemeinen und
geheimen Wahlrechts zur Schaffung der regionalen Räte und
der ersten nationalen Volksversammlung in der Geschichte
unseres Volkes, allgemeine Wahlen durchgeführt. In den Sektoren aller Regionen haben die Wahlen in einer Atmosphäre
großer Begeisterung seitens der Bevölkerung stattgefunden.
Die Wähler haben mit großer Mehrheit für die Listen gestimmt,
die während acht Monaten öffentlicher und demokratischer
Verhandlungen, in deren Verlauf die Vertreter jedes Sektors
ausgewählt wurden, aufgestellt worden sind. Die vereinigten,
gewählten regionalen Räte haben ihrerseits unter ihren Mitgliedern die nationale Volksversammlung gewählt. Diese wird
120 Mitglieder haben, wovon 80 durch die Volksmassen und 40
durch die politischen, militärischen und technischen Kader der
Partei gestellt werden. Wie ihr wißt, sind die Vertreter der von
den Kolonialisten noch besetzten Gebiete vorübergehend provisorisch gewählt worden.
Heute verfügt unser afrikanisches Volk von Guinea über ein

* Auszüge der Neujahrsbotschaft 1973.

neues Organ der Souveränität, die Nationalversammlung. Diese stellt in Übereinstimmung mit der neuen Verfassung, die wir gegenwärtig ausarbeiten, das oberste Organ unserer Souveränität dar. In der richtigen Entwicklung unseres Kampfes werden wir bald auch die erste nationale Volksversammlung der Kapverdischen Inseln schaffen. Die Vereinigung der Mitglieder dieser beiden Organe wird die oberste Versammlung des Volkes von Guinea und der Kapverdischen Inseln darstellen.

Die Schaffung der ersten nationalen Volksversammlung ist ein überlegener Sieg in dem schweren, aber ruhmreichen Kampf unseres Volkes für die nationale Unabhängigkeit. Sie eröffnet neue Aussichten für die politisch-militärische Aktion; sie ist das Resultat der Anstrengungen und Opfer unserer Bevölkerung während zehn Jahren des bewaffneten Kampfes, ein konkreter Beweis der Souveränität unseres Volkes und seines hohen politischen und patriotischen Bewußtseins. Ich möchte in diesem Moment meine herzlichsten Glückwünsche unserem Volk aussprechen, allen unseren Wählern und Wählerinnen, allen Frauen und Männern, die so würdig die Aufgaben unserer afrikanischen Nation zu erfüllen gewußt haben, allen Kämpfern, Verantwortlichen und Führern, die in den Wahlkommissionen oder auf anderen Arbeitsgebieten ihren Beitrag zum Gelingen dieser Sache, die in die Geschichte unseres Volkes eingehen wird, geleistet haben. Mit der gleichen Begeisterung beglückwünsche ich alle Kämpfer, die durch ihre mutige Tat die nötige Sicherheit zur Verwirklichung der Wahlen geschaffen haben, trotz aller Versuche der Verhinderung durch den kolonialistischen Feind und zu seinem Ärger.

Aber eine Nationalversammlung muß, wie jedes Organ eines lebendigen Körpers, arbeiten können, um ihrer Existenz gerecht zu werden. Wir haben 1973 im Rahmen des Kampfes eine höhere Pflicht zu erfüllen, wir müssen unsere nationale Volksversammlung einsetzen. Und wir werden es tun. Wir werden die Beschlüsse verwirklichen, die unsere Partei auf der Versammlung des obersten Kampfrates im August 1971 gefaßt hat und die vom Volk mit der größten Begeisterung unterstützt werden. Im Laufe dieses Jahres werden wir sobald als möglich und zu einem geeigneten Zeitpunkt die nationale Volksversammlung einberufen, damit sie ihre erste historische Aufgabe erfüllt: die Proklamation unseres Staates, die Schaffung einer Exekutive für diesen Staat und die öffentliche Bekanntgabe eines Grundgesetzes, der ersten Verfassung in unserer Geschichte; sie wird die Grundlage zur aktiven Existenz unserer afrikanischen Nation sein. Dies muß gesagt sein: Die gesetzlichen Vertreter unseres Volkes, die von der Bevölkerung, den gewissenhaften und patriotischen Bürgern unseres

Landes, frei gwählt wurden, werden zur wichtigsten Tat ihres Lebens und des Lebens unseres Volkes überhaupt schreiten: sie werden der Welt bestätigen, daß wir, zusammengeschmiedet durch den Kampf, unmittelbar auf die Unabhängigkeit hinarbeiten, ohne die Zustimmung der portugiesischen Kolonialisten abzuwarten. Vom Zeitpunkt dieser Bestätigung an wird diese Exekutive unter der Leitung unserer Partei, der PAIGC, der einzige, wahre und legitime Vertreter unseres Volkes für alle nationalen und internationalen Probleme sein, die unser Volk betreffen.

Von einer Kolonie, die über eine Befreiungsbewegung verfügt und deren Volk im größten Teil des Landes während der letzten zehn Jahre befreit wurde, werden wir zu einem Land, das über ein Staatswesen verfügt, jedoch in Teilgebieten noch von fremden Streitkräften besetzt ist.

Diese radikale Änderung der Lage unseres Volkes entspricht der konkreten Wirklichkeit des Lebens und des Kampfes unseres Volkes von Guinea, gestützt auf die konkreten Resultate unseres Kampfes und auf die Unterstützung durch unser Volk und die afrikanischen Regierungen, wie auch alle anderen antikolonialistischen und antirassistischen Kräfte der Welt. Sie entspricht den Grundsätzen der Charta der Vereinten Nationen und den durch diese internationale Organisation in ihrer 27. Sitzung angenommenen Beschlüsse.

Nichts, keine kriminelle Handlung und kein Täuschungsmanöver der portugiesischen Kolonialisten, wird unser afrikanisches Volk daran hindern können, Herr über sein eigenes Schicksal zu sein und, im Bewußtsein seiner Rechte und Pflichten, diesen Schritt überlegt und entschlossen vorzunehmen, zur Verwirklichung der grundlegenden Ziele unseres Kampfes: Wiedereroberung der nationalen Unabhängigkeit, Aufbau in Friede und Würde und wahrer Fortschritt unter der ausschließlichen Leitung seiner eigenen Kinder unter dem ruhmreichen Banner unserer Partei.

Die offenkundige Wichtigkeit der Schaffung der nationalen Volksversammlung, der Proklamation des Staates Guinea und der Bildung der entsprechenden Exekutivorgane, die nicht provisorisch sind und nicht im Exil leben werden, schließt notwendigerweise eine viel größere Verantwortung unseres Volkes ein, vor allem der Militanten, der Kämpfer, der Verantwortlichen und der Führer unserer Partei. Diese historischen Initiativen verlangen von uns verstärkte Anstrengungen und tägliche Opfer: mehr Denken, um besser handeln zu können, mehr Aktivitäten, um besser denken zu können. Wir müssen jedes Problem überlegen, damit wir die beste Lösung unter Beachtung der spezifischen Bedingungen unsers Landes und unseres

Kampfes finden können. Diese Initiativen verlangen aber auch, daß wir unsere politischen und militärischen Aktionen in Guinea weiter intensivieren und entwickeln, ohne die ebenso wichtigen Arbeiten auf wirtschaftlichem, sozialem und kulturellem Gebiet zu vernachlässigen. Sie verlangen von uns, daß wir mit Erfolg die notwendigen Anstrengungen zur Entwicklung des politischen Kampfes auf den Kapverdischen Inseln machen, und daß unser Volk so früh wie möglich in direkte, systematische Aktion gegen die kriminellen portugiesischen Kolonialisten treten kann . . .

Im Namen der Partei beglückwünsche ich unsere landwirtschaftlichen Arbeiter für die trotz der ungenügenden Regenfälle im letzten Jahr eingebrachten Ernten. Ich möchte sie ermutigen, es dieses Jahr ebenso und noch besser zu machen, um eine gute Produktion zu sichern, denn, wie wir wissen, ist dies die Hauptgrundlage unseres Lebens und unseres Kampfes, die die kriminellen portugiesischen Aggressoren mit allen Mitteln zu zerstören versuchen, da sie uns die Früchte der Arbeit unseres Volkes nicht nehmen können.

Mit Bedauern muß ich hier jedoch in Erinnerung rufen, daß die Bevölkerung der Kapverdischen Inseln von einer Hungersnot bedroht ist. Sie entstand durch die Schuld der portugiesischen Kolonialisten, die im Archipel kaum wirtschaftliche und soziale Bedingungen geschaffen haben, um der Bevölkerung in den Jahren der Trockenheit die Existenz und ein anständiges Leben zu sichern. Durch den Fortschritt unseres Kampfes und durch die von der Partei erhobenen Anklagen vor der Weltöffentlichkeit sah sich die faschistische portugiesische Regierung gezwungen, den Kapverdischen Inseln Anleihen und Unterstützung einzuräumen, um, wie die Kolonialisten sagen, ›die Krise zu mildern‹, d. h. um zu verhindern, daß zu viele Leute an Hunger sterben, ohne aber verhindern zu können, daß die Schwachen, besonders die Kinder, langsam vor Hunger sterben. Ich erhebe einmal mehr meine Stimme, um im Namen der Parteileitung gegen eine solche Lage zu protestieren und das große Verbrechen anzuklagen, das die faschistische kolonialistische Regierung in Lissabon begangen hat, indem sie 15-20 000 junge Kapverder nach Portugal zur Arbeit in den Minen, zum Straßenkehren in der Hauptstadt und für nichtqualifizierte Arbeiten deportiert hat, was einem großen Aderlaß an Arbeitskraft gleichkommt und zum Ziel hat, Fortschritte in unserem Freiheitskampf zu verhindern.

Ich appelliere an alle Patrioten von Guinea und den Kapverden, die in Portugal leben, sich zusammenzuschließen und sich besonders mit den von den Kapverden verschleppten Zwangsarbeitern besser zu organisieren, damit sie im Dienst unserer

Partei, unseres Volkes und Afrikas ihre patriotischen Aktionen entwickeln können, um so im günstigsten Moment dem Feind schwere Schläge zu versetzen, so daß er, der sie zu schlagen glaubte, schließlich selbst geschlagen wird.

Ich möchte hier die Aufmerksamkeit der Verantwortlichen zur Beschaffung von Lebensmitteln für die Bevölkerung, besonders der Arbeiter in den Volksläden, auf die Tatsache lenken, daß wir dieses Jahr über mehr und mehr der notwendigsten Artikel verfügen werden, die wir, wie groß auch immer die Schwierigkeiten sein mögen, der Bevölkerung der befreiten Gebiete zugänglich machen müssen. Wir haben von sozialistischen Ländern, vor allem von der Sowjetunion, ebenso von Schweden und Norwegen und anderen Ländern, wie auch von humanitären Organisationen, Hilfsmittel erhalten, die uns erlauben, unsere Bemühungen für die Volksläden, das Gesundheitswesen und die Erziehung zu verstärken. Ich hoffe, daß 1973 alle notwendigen Anstrengungen unternommen werden, um in der Verpflegung unserer Bevölkerung mit notwendigsten Gütern Großes zu erreichen...

Die Verzweiflung der kolonialistischen, faschistischen Regierung Portugals ist umso verständlicher, als sie einsieht, daß ihre ›Politik eines besseren Guineas‹ gescheitert ist, und sie weiß, daß die Lüge ›der besseren Kapverden‹ ebenfalls scheitern wird. Was Guinea betrifft, so ist es die kolonialistische, faschistische Regierung Lissabons, die diese Niederlage durch den Führer der verbrecherischen kolonialistischen Aggressoren selbst eingesteht. Er bestätigt nämlich, daß der afrikanische Mensch seine ›eigene politische und soziale Ausdrucksweise‹ haben will. Genau dies will der Afrikaner von Guinea und den Kapverdischen Inseln. Aber wir nennen das Unabhängigkeit, d. h. die totale Souveränität unseres Volkes auf nationaler und internationaler Ebene, um selbst in Frieden und Würde, mit unseren eigenen Kräften und Opfern, mit eigenen Händen und geleitet durch den eigenen Kopf, den Fortschritt aufzubauen, auf den wir wie alle anderen Völker der Erde ein Recht haben. Und dies in Zusammenarbeit mit allen anderen Völkern, einschließlich dem Portugals, das in drei Befreiungskriegen gegen Spanien und Kastilien für seine eigenen politischen und sozialen Ausdrucksmöglichkeiten gekämpft – und gewonnen hat...

Anhang

Geschichtliche Daten: Eroberung und Widerstand

1471-1475	Erste portugiesische Exkursionen ins Land, Errichten von Handelsposten
1880-1936	militärische Eroberung
19. Sept. 56	Gründung der PAIGC durch Cabral und sechs weitere Nationalisten
2. Aug. 59	Streik der Dockarbeiter von Pidijguiti in Bissao, Ermordung von 50 Afrikanern
19. Sept. 59	Beschluß der PAIGC, zu direkten Aktionen überzugehen
1959-1963	Vorbereitungen der PAIGC zum bewaffneten Widerstand
3. Aug. 61	Erklärung zur Beendigung des politischen Kampfes und Ankündigung des nationalen bewaffneten Aufstandes, Sabotageoperationen gegen portugiesische Einrichtungen
23. Jan. 63	Angriff auf die Kaserne von Tite, Beginn des nationalen Befreiungskampfes
Jan.- März 64	Befreiung der Insel Como im Süden des Landes, die Kolonialtruppen müssen abziehen
Feb. 64	In den befreiten Zonen wird der erste Kongreß der PAIGC abgehalten
Juli 64	Gründung der FARP (bewaffnete revolutionäre Volksstreitkräfte)
1965	Besuch einer Militärmission der OAU (Organisation für Afrikanische Einheit) in den befreiten Gebieten, Anerkennung der PAIGC durch die OAU
Dez. 65	Reorganisation der FARP
Juli 67	Radio Libertação beginnt von Senegal und Guinea-Conakry aus zu senden
5. Feb. 68	Einnahme des befestigten Lagers Medina Boe, Befreiung des Südens und Südwestens
19. Feb. 68	Angriff auf den Flughafen Bisalauca, 10 km von Bissao entfernt
26. Juni 69	Portugal wird vom Dekolonialisierungskomitee der UNO aufgefordert, sich aus den afrikanischen Gebieten zurückzuziehen
22. Nov. 69	Portugiesische Truppen greifen die Republik Guinea an, um die Regierung Sekou Tourés zu stürzen und so die PAIGC zu isolieren
1970-1971	über 70% des Landes werden von der PAIGC kontrolliert, städtische Zentren werden angegriffen
Aug. 71	Der oberste Kampfrat beschließt die Wahl der Nationalversammlung
April 72	Eine Spezialmission der UNO besucht die befreiten Gebiete und erkennt die PAIGC als › einzigen und authentischen Vertreter der Bevölkerung dieser Gebiete‹ an
6. Mai 72	Angriff und Zerstörung der Radiostation Nhacra, 25 km von Bissao
Aug.-Okt. 72	Wahl der Regionalräte, die ihrerseits 80 Delegierte für die Nationalversammlung bestimmen
Sept. 72	Beobachterstatus der PAIGC im Dekolonisierungskomitee der UNO
Okt. 72	Portugal wird vom UNO-Sicherheitsrat wegen Grenzverletzungen der Republik Senegal verurteilt
22. Nov. 72	Die PAIGC erhält Beobachterstatus bei der UNO – Cabral spricht vor der UN-Generalversammlung
6. Jan. 73	Cabral verkündet die Resultate der allgemeinen Wahlen vom Herbst 1972

20. Jan. 73	Amilcar Cabral wird in Conakry ermordet
Febr.-Juli 73	Großoffensive der PAIGC zu Ehren Cabrals, Einsatz von Boden-Luft-Raketen, Abschuß von 21 feindlichen Flugzeugen
25. Mai 73	Fall der Garnison Guiledje im Grenzgebiet zu Guinea-Conakry
Juli 73	Zweiter Kongreß der PAIGC in den befreiten Gebieten der Ostfront
24. Sept. 73	Tagung der Nationalversammlung in Boe, Ausrufung der Republik
2. Nov. 73	Anerkennung der unabhängigen Republik Guinea-Bissao durch die UNO-Vollversammlung mit 93:7 Stimmen
Feb. 74	Einnahme des Lagers Capu im Norden des Landes unter erstmaligem Einsatz motorisierter Kampfeinheiten (Panzerwagen)
April 74	über 80 Staaten (die BRD gehört nicht dazu) der ganzen Welt haben Guinea-Bissao anerkannt

Programm der PAIGC

I. Sofortige und völlige Unabhängigkeit

1. Sofortige Erlangung der völligen und bedingungslosen Unabhängigkeit des Volkes von Guinea und den Kapverdischen Inseln mit allen erforderlichen Mitteln.

2. Machtübernahme durch das guineanische Volk in Guinea und durch das kapverdische Volk auf den Kapverdischen Inseln.

3. Beseitigung aller Bindungen kolonialistischer und imperialistischer Art; Beendigung aller portugiesischen und ausländischen Vorrechte über die Masse des Volkes; Überprüfung oder Aufhebung aller Abkommen, Verträge, Bündnisse und Konzessionen, die die portugiesischen Kolonialisten hinsichtlich Guineas und der Kapverdischen Inseln abgeschlossen haben.

4. Nationale und internationale Souveränität Guineas und der Kapverdischen Inseln. Wirtschaftliche, politische, diplomatische, militärische und kulturelle Unabhängigkeit.

5. Ständige, auf dem Willen des Volkes beruhende Wachsamkeit zur Vermeidung oder Vereitelung aller Versuche des Imperialismus und des Kolonialismus, sich in neuer Form in Guinea und auf den Kapverdischen Inseln wieder zu etablieren.

II. Einheit der Nation in Guinea und auf den Kapverdischen Inseln

1. Gleiche Rechte und Pflichten, feste Einheit und brüderliche Zusammenarbeit unter den Bürgern als einzelne, als soziale Gruppen oder als Volksgruppen. Verbot und Unterbindung aller Versuche, das Volk zu spalten.

2. Wirtschaftliche, politische, soziale und kulturelle Einheit. In Guinea soll diese Einheit den Charakteristika der verschiedenen Volksgruppen auf sozialer und kultureller Ebene Rechnung tragen, ungeachtet der Bevölkerung in diesen Gruppen. Auf den Kapverdischen Inseln soll jede Insel oder Gruppe von identischen und nahe beieinanderliegenden Inseln eine gewisse Autonomie auf Verwaltungsebene haben, jedoch im Rahmen der nationalen Einheit und Solidarität bleiben.

3. Die Rückkehr aller Emigranten nach Guinea, die zurückkehren wollen. Die Rückkehr aller Emigranten oder zwangsverpflichteten Arbeiter nach den Kapverdischen Inseln, die zurückkehren wollen. Freizügigkeit für alle Bürger im gesamten Gebiet der Nation.

III. Einheit der Völker von Guinea und den Kapverdischen Inseln

1. Nach Erlangung der nationalen Unabhängigkeit in Guinea und auf den Kapverdischen Inseln Einheit der Völker dieser Länder zur Schaffung einer starken und fortschrittlichen afrikanischen Nation auf der Grundlage eines angemessen berücksichtigten Volkswillens.

2. Die Form der Einheit zwischen diesen beiden Völkern soll von ihren rechtmäßigen und frei gewählten Vertretern festgelegt werden.
3. Gleiche Rechte und Pflichten, beständige Einheit und brüderliche Zusammenarbeit zwischen den Einwohnern Guineas und der Kapverdischen Inseln. Verbot
aller Versuche, diese beiden Völker zu trennen.

IV. Afrikanische Einheit

1. Nach Erlangung der nationalen Unabhängigkeit und auf der Grundlage eines
frei manifestierten Volkswillens Bemühung um die Einheit der Völker Afrikas
insgesamt oder den Gebieten des Kontinents entsprechend, wobei Freiheit, Würde
und das Recht dieser Völker auf politischen, wirtschaftlichen, sozialen und kulturellen Fortschritt stets zu achten sind.
2. Kampf gegen jeden Versuch der Annektierung oder Unterdrückung der
Völker von Guinea und den Kapverdischen Inseln durch irgendein anderes Land.
3. Wahrung der politischen, wirtschaftlichen, sozialen und kulturellen Rechte
und Vorteile der breiten Masse des Volkes in Guinea und auf den Kapverdischen
Inseln ist die Grundbedingung für die Verwirklichung der Einheit mit anderen
afrikanischen Völkern.

V. Demokratische, anti-kolonialistische und anti-imperialistische Regierung

1. Republikanische, demokratische, nichtkirchliche, anti-kolonialistische und
anti-imperialistische Regierung.
2. Schaffung fundamentaler Freiheiten, Achtung der Menschenrechte und
Garantien für die Ausübung dieser Freiheiten und Rechte.
3. Gleichheit der Bürger vor dem Gesetz ohne Unterschied der Nationalität oder
Volksgruppe, des Geschlechtes, der sozialen Herkunft, des kulturellen Niveaus,
des Berufes, der Stellung, der Gesundheit, des religiösen Glaubens oder der philosophischen Überzeugung. Männer und Frauen sollen im Blick auf Familie, Beruf
und öffentliche Aktivität denselben Status haben.
4. Alle Einzelpersonen oder Personengruppen, die durch ihr Handeln oder
Benehmen den Imperialismus, Kolonialismus oder die Zerstörung der Einheit des
Volkes fördern, sollen durch jedes verfügbare Mittel in ihren grundlegenden Freiheiten beschnitten werden.
5. Allgemeine und freie Wahlen der machthabenden Organisationen auf der
Grundlage direkter, geheimer und allgemeiner Abstimmung.
6. Völlige Abschaffung der kolonialen Verwaltungsstruktur und Schaffung einer
nationalen und demokratischen Struktur zur inneren Verwaltung des Landes.
7. Sicherheit der Person für alle in Guinea und auf den Kapverdischen Inseln
lebenden und beschäftigten Ausländer, die die herrschenden Gesetze achten.

VI. Wirtschaftliche Unabhängigkeit, Strukturierung der Wirtschaft und Ent-
wicklung der Produktion

1. Abschaffung aller Beziehungen kolonialistischer und imperialistischer Art.
Gewinnung der wirtschaftlichen Unabhängigkeit in Guinea und auf den Kapverdischen Inseln.
2. Planung und harmonische Entwicklung der Wirtschaft. Die wirtschaftliche
Aktivität soll von den Grundsätzen des demokratischen Sozialismus bestimmt
werden.
3. Vier Arten des Eigentums: staatlich, kooperativ, privat und persönlich.
Natürliche Ressourcen, die wesentlichen Mittel der Produktion, Kommunikation
und sozialen Sicherheit, Rundfunk und andere Medien zur Verbreitung von
Information und Kultur sollen in Guinea und auf den Kapverdischen Inseln als
Staatseigentum betrachtet und entsprechend den Erfordernissen der raschen wirtschaftlichen Entwicklung genutzt werden. Auf der Grundlage freier Überein-
kunft sollen Land- und Landwirtschaftserzeugnisse, Konsumgüter- und hand-
werkliche Produktion kooperativ genutzt werden. Private Nutzung soll je nach
den Erfordernissen des Fortschritts unter der Bedingung gestattet sein, daß sie für

die rasche Entwicklung der Wirtschaft in Guinea und auf den Kapverdischen Inseln von Nutzen ist. Persönliches Eigentum – insbesondere Verbrauchsgüter für den einzelnen, Wohnhäuser und Ersparnisse aus geleisteter Arbeit – sollen unverletzlich sein.

4. Entwicklung und Modernisierung der Landwirtschaft. Umgestaltung des landwirtschaftlichen Anbausystems zur Abschaffung der Monokultur und des zwangsweisen Anbaus von Erdnüssen in Guinea und von Mais auf den Kapverdischen Inseln. Kampf gegen Agrarkrisen, Dürre, Überfüllung des Marktes und Hungersnot.

5. Agrarreform auf den Kapverdischen Inseln. Beschränkung der Ausdehnung privaten Landbesitzes, damit alle Bauern genügend Land bebauen können. In Guinea Ausnutzung der traditionellen Agrarstrukturen und Schaffung neuer Strukturen, so daß die Nutzung des Bodens der größtmöglichen Zahl von Menschen zugutekommt.

6. Sowohl in Guinea als auch auf den Kapverdischen Inseln Beschlagnahme des Grundbesitzes und anderer Werte, die erwiesenen Feinden der Freiheit des Volkes und der nationalen Unabhängigkeit gehören.

7. Entwicklung von Industrie und Handel nach modernen Richtlinien. Allmähliche Schaffung staatlicher Handels- und Industrieunternehmen. Förderung des afrikanischen Handwerks. Staatliche Kontrolle des Außenhandels und Koordinierung des Handels im Inland. Angleichung und Stabilisierung der Preise. Abschaffung von Spekulation und unlauteren Profiten. Harmonie zwischen den wirtschaftlichen Aktivitäten von Stadt und Land.

8. Ausgeglichener Staatshaushalt. Schaffung eines neuen Steuersystems. Schaffung einer nationalen Währung, die stabil und nicht inflationär ist.

VII. Gerechtigkeit und Fortschritt für alle

a) Auf sozialer Ebene

1. Allmähliche Abschaffung der Ausbeutung des Menschen durch den Menschen sowie jeder Form der Unterwerfung von menschlichen Individuen unter entwürdigende Interessen, oder den Profit von einzelnen, Gruppen oder Klassen. Beseitigung der Armut, Furcht, der Prostitution und des Alkoholismus.

2. Schutz der Rechte des Arbeiters und gesicherte Beschäftigung für alle Arbeitsfähigen. Abschaffung der Zwangsarbeit in Guinea und des ›Exportes‹ von Zwangs- oder ›Vertrags‹-Arbeitern von den Kapverdischen Inseln.

3. Gerechte Gehälter und Anstellungen auf der Grundlage gleicher Bezahlung für gleiche Arbeit. Positiver Wetteifer in der Arbeit. Begrenzung der täglichen Arbeitsstunden nach den Erfordernissen des Fortschritts und den Interessen der Arbeiter. Allmähliche Beseitigung der Unterschiede zwischen den Arbeitern in der Stadt und denjenigen auf dem Lande.

4. Freiheiten für die Gewerkschaften und Garantie für ihre wirksame Ausübung. Wirksame Beteiligung und schöpferische Initiative der breiten Massen auf jeder Ebene der nationalen Führung. Förderung und Unterstützung von Massenorganisationen auf dem Lande und in den Städten, hauptsächlich solchen für Frauen, junge Leute und Studenten.

5. Sozialhilfe für alle Bürger, die sie aus unverschuldeten Gründen benötigen, wie etwa Arbeitslosigkeit, Invalidität oder Krankheit. Alle Organisationen der Volksgesundheit und -hygiene sollen durch den Staat geleitet oder kontrolliert werden.

6. Schaffung von Wohlfahrtsorganisationen in Verbindung mit produktiver Aktivität. Schutz für werdende Mütter und für Kinder. Schutz für die Alten. Freizeit, Erholung und Kultur für alle Berufstätigen, seien sie Arbeiter, Geistesschaffende oder Landarbeiter.

7. Hilfe für die Opfer des nationalen Befreiungskampfes und ihre Familien.

b) Auf Bildungs- und Kulturebene

1. Lehrzentren und technische Institute sollen als staatliches Eigentum betrachtet und daher durch den Staat geleitet oder kontrolliert werden. Unterrichtsreform,

Entwicklung von höherer und technischer Bildung, Ermöglichung akademischer Bildung und Schaffung wissenschaftlicher und technischer Institute.

2. Rasche Beseitigung des Analphabetentums. Obligatorischer und kostenloser Grundschulbesuch. Beschleunigte Ausbildung und Einarbeitung von Technikern und Fachleuten.

3. Völlige Ausmerzung der durch den Kolonialismus und durch die Folgen der kolonialistischen Kultur und Ausbeutung entstandenen Komplexe.

4. In Guinea Entwicklung einheimischer Sprachen und des kreolischen Dialektes sowie Schaffung einer Schriftform für diese Sprachen. Auf den Kapverdischen Inseln Entwicklung einer Schriftform für den kreolischen Dialekt. Förderung der Kultur der verschiedenen Volksgruppen und des kapverdischen Volkes. Schutz und Förderung nationaler Literatur und Kunst.

5. Nutzung aller Werte und Errungenschaften menschlicher und universaler Kultur im Dienste des Fortschritts der Völker von Guinea und den Kapverdischen Inseln. Beitrag zur Weiterentwicklung der Menschheit im allgemeinen durch die Kultur dieser Völker.

6. Unterstützung und Förderung von körperlicher Ertüchtigung und Sport für alle Bürger Guineas und der Kapverdischen Inseln. Schaffung von Einrichtungen für körperliche Ertüchtigung und Sport.

7. Religionsfreiheit: die Freiheit eine Religion zu haben oder nicht zu haben. Schutz von Kirchen und Moscheen, von heiligen Stätten und Objekten, von rechtmäßigen religiösen Institutionen. Nationale Unabhängigkeit für theologische Berufe.

VIII. Wirksame, an das Volk gebundene Landesverteidigung

1. Schaffung der erforderlichen Mittel zur wirksamen Landesverteidigung: Heer, Marine und Luftwaffe, die an das Volk gebunden und von Staatsbürgern geleitet werden. Die Kämpfer für die Unabhängigkeit sollen den Kern der Landesverteidigung bilden.

2. Demokratische Leitung innerhalb der Streitkräfte. Disziplin. Enge Zusammenarbeit zwischen den Streitkräften und der politischen Führung.

3. Das ganze Volk soll sich an der Beobachtung und Abwehr von Kolonialismus, Imperialismus und Feinden seiner Einheit und seines Fortschritts beteiligen.

4. Völliges Verbot ausländischer Militärstützpunkte auf nationalem Territorium.

*IX. Richtige internationale Politik im Interesse der Nation, Afrikas
und des Friedens und Fortschritts der Menschheit*

1. Friedliche Zusammenarbeit mit allen Völkern der Welt auf der Grundlage der Prinzipien gegenseitiger Achtung, nationaler Souveränität, territorialer Integrität, Nichtaggression und Nichteinmischung in innere Angelegenheiten, Gleichheit und Gegenseitigkeit der Vorteile und friedliche Koexistenz. Entwicklung wirtschaftlicher und kultureller Beziehungen zu allen Völkern, deren Regierungen diese Grundsätze anerkennen und achten.

2. Achtung der Grundsätze der UNO-Charta.

3. Keine Zugehörigkeit zu militärischen Blöcken.

4. Schutz für Staatsangehörige Guineas und der Kapverdischen Inseln, die im Ausland leben.

Verfassung der Republik Guinea-Bissao

Kapitel 1
Grundlagen und Ziele

Art. 1 Guinea-Bissao ist eine souveräne, demokratische, anti-kolonialistische und anti-imperialistische Republik, die für die totale Befreiung, für die Einheit Guineas und des Kapverdischen Archipels sowie für den sozialen Fortschritt ihres Volkes kämpft.

Art. 2 Die Nationalflagge des Staates Guinea besteht aus drei gleichgroßen Streifen, von denen einer, ein roter Streifen mit schwarzem Stern, vertikal angeordnet ist. Die beiden anderen Streifen verlaufen horizontal; der obere ist gelb und der untere grün.

Die Nationalhymne Guinea-Bissaos ist
»Voici notre Patrie bien- aimée« (Dies ist unser geliebtes Vaterland).

Das Motto Guinea-Bissaos lautet »Unité, Lutte, Progrès« (Einigkeit, Kampf, Fortschritt).

Art. 3 Der Staat setzt sich als Ziel die totale Befreiung Guineas und der Kapverdischen Inseln vom Kolonialismus, ihre Vereinigung in einem Staat in Übereinstimmung mit dem Willen des Volkes und den Aufbau einer Gesellschaft, welche die politischen, wirtschaftlichen und kulturellen Bedingungen schaffen wird, die für die Beendigung der Ausbeutung des Menschen durch den Menschen und aller Formen der Unterjochung des Menschen unter erniedrigende Interessen zugunsten Individuen, Gruppen oder Klassen notwendig sind.

Art. 4 Die Macht in Guinea-Bissao wird ausgeübt von den arbeitenden Massen, die mit der »Partido Africano da Independência da Guiné e Cabo Verde« (PAIGC – Afrikanische Unabhängigkeitspartei Guineas und der Kapverdischen Inseln), der führenden politischen Kraft der Gesellschaft, eng verbunden sind.

Art. 5 Die Verwirklichung der festgelegten Ziele fordert eine vollständige Mobilisierung der Volksmassen und ihre umfassende Teilnahme an der Ausarbeitung der Politik des Staates. Die Partei fördert die Gründung und Entwicklung von demokratischen Massenorganisationen.

Art. 6 Die PAIGC ist die führende Kraft der Gesellschaft. Sie ist die höchste Verkörperung des souveränen Volkswillens. Sie bestimmt die (politische) Ausrichtung der Politik des Staates und sichert ihre Verwirklichung durch angemessene Mittel.

Art. 7 Der Staat schenkt den Revolutionären Streitkräften des Volkes (Forces Armées Révolutionnaires du Peuple – F.A.R.P.) besondere Aufmerksamkeit. Es ist die Aufgabe aller Organe des Staates, ihre Entwicklung derart zu fördern, daß sie ihre große Aufgabe voll erfüllen und der großen Verantwortung gerecht werden können, die sie im bewaffneten Kampf für die nationale Befreiung und im friedlichen Aufbau des Landes tragen.

Art. 8 Der Staat spielt eine entscheidende Rolle in der Planung (planification) und in der harmonischen Entwicklung der Volkswirtschaft. Das Eigentum des kolonialistischen Staates und der Verräter des Vaterlandes wird nationalisiert.

Art 9 Der Staat Guinea-Bissao ist ein integrierender Teil Afrikas und kämpft für die Befreiung des afrikanischen Kontinents vom Kolonialismus, vom Rassismus, vom Neokolonialismus und für die Einheit der afrikanischen Völker in ihrer Gesamtheit oder in Regionen des Kontinents auf der Grundlage der Achtung der Freiheit, der Würde und des Rechts auf politischen, wirtschaftlichen, sozialen und kulturellen Fortschritt dieser Völker.

Art. 10 Der Staat Guinea-Bissao fühlt sich mit allen eng verbunden, die für die nationale Befreiung in Afrika und in der ganzen Welt kämpfen. Er betrachtet es als seine Aufgabe, Beziehungen mit den afrikanischen Staaten zu entwickeln und gleichberechtigte Beziehungen mit allen Staaten auf der Grundlage der Prinzipien des internationalen Rechts aufzunehmen.

Kapitel 2
Grundlegende Rechte, Freiheiten und Pflichten

Art. 11 In Übereinstimmung mit den wesentlichen Grundsätzen der Allgemeinen Erklärung der Menschenrechte und mit den revolutionären und demokratischen Zielen der vorliegenden Verfassung gewährleistet der Staat die Grundrechte, deren Verwirklichung die Entfaltung der Persönlichkeit und die Entwicklung der Gesellschaft anstrebt. Der Staat schafft die notwendigen politischen, wirtschaftlichen und kulturellen Bedingungen, damit die Bürger ihre Rechte effektiv wahrnehmen und ihre Pflichten erfüllen können.

Art. 12 Die Teilnahme am Kampf für die totale Befreiung des Vaterlandes und die Verteidigung seiner Unabhängigkeit sind die höchste Ehre und Pflicht des Bürgers.

Art. 13 Die Bürger sind gleich vor dem Gesetz ohne Unterschied der ethnischen Zugehörigkeit, des Geschlechtes, der sozialen Herkunft, des kulturellen Niveaus, der Beschäftigung, des Vermögensstandes, des Glaubensbekenntnisses oder der philosophischen Überzeugung.

Art. 14 Der Staat betrachtet Arbeit und Ausbildung als wesentliche Rechte und Pflichten aller Bürger. Indem er die Volkswirtschaft entwickelt, wird er die zu ihrer (dieser Rechte und Pflichten) Verwirklichung notwendigen Bedingungen nach und nach schaffen.

Art. 15 Jeder Bürger hat das Recht, am staatlichen und gesellschaftlichen Leben teilzunehmen. Um die Ziele der Verfassung zu verwirklichen, garantiert der Staat das Recht zur Mitgestaltung, einschließlich das Recht des Bürgers, Vorschläge und Beschwerden an alle Organe des Staates zu richten. Die staatlichen Organe haben die Pflicht, diese zu berücksichtigen.

Art. 16 Mann und Frau sind in der Familie, bei der Arbeit und in öffentlichen Aktivitäten gleichberechtigt.

Art. 17 Meinungsfreiheit, Vereinigungs-, Versammlungs- und Demonstrationsfreiheit werden unter den vom Gesetz vorgesehenen Bedingungen gewährleistet, sowie die Freiheit der Religionsausübung.

Art. 18 Das Recht des Bürgers, nicht gefangen gehalten, verhaftet oder verurteilt zu werden außer aufgrund des Gesetzes, das zur Zeit der ihm zur Last gelegten Tatbegehung in Kraft ist, wird gewährleistet. Das Recht auf Verteidigung wird anerkannt und dem Beschuldigten und dem Angeklagten gewährleistet.

Art. 19 Der Staat erklärt das Recht des Bürgers auf die Unverletzlichkeit der Wohnung und das Briefgeheimnis.

Art. 20 Der Gebürtige vom Kapverdischen Archipel besitzt dieselben Rechte und unterliegt denselben Pflichten wie der Bürger des Staates Guinea-Bissao, da er ihm in allen Rechtsfragen gleichgestellt wird.

Art. 21 Zusammenarbeit mit dem Feind ist Verrat und wird durch das Gesetz bestraft.

Art. 22 Den Individuen, die durch ihre Handlungsweise oder ihr Verhalten der Einheit des Volkes von Guinea-Bissao und der Kapverdischen Inseln schaden oder Kolonialismus, Imperialismus, Rassismus oder Tribalismus begünstigen, wird die Ausübung der politischen Rechte und der Grundfreiheiten des Bürgers entzogen.

Kapitel 3
Die Organisation der Staatsgewalt

Art. 23 Die Staatsgewalt wird ausgeübt durch die Organe des Staates, die vom Volk gewählt und kontrolliert und in Übereinstimmung mit seinem Willen gebildet wurden, um die Ziele der Verfassung zu verwirklichen. Die Volksvertretungen sind die höchsten Organe des Staates.

Art. 24 Die Volksvertretungsorgane des Staates Guinea-Bissao sind die Nationale Volksversammlung (Assemblée Nationale Populaire) und die regionalen Räte (Conseils Régionaux). Aus diesen Organen gehen die Gewalten der anderen Organe des Staates hervor.

Art. 25 Das Recht, die vertretenden Organe zu wählen, ist allgemein und gleich und wird durch direkte und geheime Abstimmung ausgeübt. Dazu berechtigt sind alle Bürger, die das fünfzehnte Lebensjahr vollendet haben und die die anderen vom Wahlgesetz festgelegten Bedingungen erfüllen.

Art. 26 Bis zur Befreiung des Teils des Staatsgebietes, der derzeit noch von ausländischen Aggressoren besetzt ist, kann die Wahl zur Nationalen Volksversammlung durch indirekte Abstimmung erfolgen, nämlich durch die in die Regionalen Räte gewählten Repräsentanten unter den vom Gesetz festgelegten Bedingungen.

Art. 27 Die Bedingungen der Wählbarkeit für die Nationale Volksversammlung und die Regionalräte werden durch das Gesetz bestimmt, das die Zahl ihrer Mitglieder, das Wahlverfahren und das Inkompatibilitätssystem festlegt. Die Partei ist für die Auswahl der Kandidaten verantwortlich. Jeder Bürger, der am Wahltag sein achtzehntes Lebensjahr vollendet hat, kann gewählt werden.

Die Nationale Volksversammlung

Art. 28 Die Nationale Volksversammlung ist das höchste Organ der Staatsgewalt. Sie verabschiedet die Gesetze und die Beschlüsse.

Art. 29 Die Nationale Volksversammlung berät und entscheidet grundsätzliche Fragen der Innen- und Außenpolitik des Staates und überwacht die Einhaltung der von der Partei beschlossenen politischen, wirtschaftlichen, sozialen und kulturellen Linie.

Art. 30 Die Nationale Volksversammlung hat das Recht, die Maßnahmen anderer Organe des Staates abzuändern oder rückgängig zu machen. Sie kann Untersuchungskommissionen bilden. Der Rat der Staatskommissare (Conseil des Commissaires d'Etat) ist der Nationalen Volksversammlung verantwortlich.

Art. 31 Die Nationale Volksversammlung kann gesetzgebende Gewalten dem Rat der Staatskommissare übertragen. Diese Übertragung wird für eine begrenzte Zeit und für bestimmte Fragen vorgenommen.

Die vom Rat der Staatskommissare angenommenen Notverordnungen werden der Nationalen Volksversammlung bei deren erster ordentlicher Sitzung nach Annahme der Notverordnung zur Ratifizierung unterbreitet.

Art. 32 Jeder Abgeordnete der Nationalen Volksversammlung vertritt die nationalen Interessen. Es ist seine Aufgabe, mit seinen Wählern einen engen Kontakt aufrechtzuerhalten und über seine Aktivitäten regelmäßig zu berichten.

Auf Vorschlag der Partei kann die Nationale Volksversammlung einen Abgeordneten absetzen, der seine Pflichten schwer verletzt.

Art. 33 Außer im Falle des Vergehens in flagranti oder der Zustimmung der Nationalen Volksversammlung kann der Abgeordnete wegen krimineller oder disziplinärer Angelegenheit gerichtlich oder außergerichtlich nicht verfolgt werden. In keinem Fall kann er verfolgt, gefangen, verhaftet, gerichtet oder verurteilt werden wegen Meinungen oder Abstimmungen, die in Ausübung seines Abgeordnetenmandats geäußert wurden.

Art. 34 Die Abgeordneten der Nationalen Volksversammlung legen folgenden Eid ab:

»Ich schwöre, daß ich meine ganze Kraft einsetzen werde, um die Hauptziele der Verfassung: totale Abschaffung des kolonialen Regimes, Vereinigung von Guinea-Bissau und der Kapverdischen Inseln, sozialen Fortschritt zu verwirklichen.«

Art. 35 Die Nationale Volksversammlung wird für einen Zeitraum von drei Jahren gewählt und versammelt sich in ordentlicher Sitzung wenigstens einmal im Jahr. Sie kann sich auch in außerordentlicher Sitzung auf Initiative des Staatsrates, des Rates der Staatskommissare oder zweier Drittel ihrer Mitglieder versammeln. Alle Fragen, die ihr Funktionieren betreffen, werden durch das Gesetz festgelegt.

Der Staatsrat

Art. 36 Es ist die Aufgabe des Staatsrates, zwischen den Sitzungen der Nationalen Volksversammlung die Funktionen auszuüben, die ihm durch die Gesetze und Beschlüsse der Versammlung selbst zugeschrieben werden. Er ist der Nationalen Volksversammlung verantwortlich.

Art. 37 Der Staatsrat besteht aus 15 Mitgliedern, deren Mandat sich auf drei Jahre beläuft und die unter den Abgeordneten durch die Nationale Volksversammlung während der ersten Sitzung ihrer Legislaturperiode gewählt werden.

Art. 38 Der Staatsrat wählt seinen Präsidenten, seinen Vizepräsidenten und einen Sekretär.

Art. 39 Der Präsident des Staatsrates vertritt den Staat in internationalen Beziehungen. Er ist der Oberbefehlshaber der Revolutionären Volksstreitkräfte (Forces Armées Révolutionnaires du Peuple – F.A.R.P.).

Art. 40 Die Kompetenzen des Staatsrates sind:
1. Die Staatsverfassung zu verteidigen;
2. Volksabstimmungen zu organisieren;
3. Internationale Verträge und Abkommen zu ratifizieren;
4. Krieg zu erklären und Frieden zu schließen;
5. Die Verfassungsgesetze und die gewöhnlichen Gesetze zu interpretieren;
6. Den Zeitpunkt der Wahl der Abgeordneten für die Nationale Volksversammlung festzulegen;
7. Die Nationale Volksversammlung einzuberufen, ihre ordentlichen Sitzungen zu eröffnen und zu schließen;
8. Gesetze und Beschlüsse der Nationalen Volksversammlung zu verkünden;
9. Auf Vorschlag seines Präsidenten, die Staatskommissare zu ernennen und zu entlassen;
10. Das Akkreditiv der ausländischen und diplomatischen Vertreter entgegenzunehmen;
11. Die Vertreter des Staates im Ausland zu ernennen und zu entlassen;
12. Staatsorden zu verleihen;
13. Amnestie zu gewähren, zu begnadigen und Strafen umzuwandeln.

Art. 41 In der Ausübung seiner Kompetenzen verabschiedet der Staatsrat Entscheidungen mit Gesetzeskraft.

Art. 42 Der Präsident des Staatsrates ist verpflichtet, der Nationalen Volksversammlung über die Situation des Staates und über wichtige politische Fragen zu berichten.

Art. 43 Der Präsident des Staatsrates hat das Recht, den Sitzungen des Rates der Staatskommissare beizuwohnen und sie zu leiten, Berichte von seinen Mitgliedern zu fordern und mit ihnen über alle Angelegenheiten ihrer Kompetenzen und Aufgaben zu diskutieren.

Der Rat der Staatskommissare

Art. 44 Der Rat der Staatskommissare ist der Nationalen Volksversammlung und, zwischen ihren Sitzungen, dem Staatsrat verantwortlich.

Art. 45 Der Rat der Staatskommissare ist ein Kollektivorgan und stützt sich in seiner Aktivität auf die Gesetze und Beschlüsse der Nationalen Volksversammlung und auf die Entscheidungen des Staatsrates.

Art. 46 Die Kompetenzen des Rates der Staatskommissare beziehen sich auf die Realisierung des politischen, wirtschaftlichen, sozialen und kulturellen Staatsprogramms sowie auf Verteidigung und Sicherheit des Staates. Der Rat leitet, koordiniert und kontrolliert die verschiedenen Staatskommissariate, die anderen zentralen Behörden, die regionalen und sektoralen Komitees des Staates. Er ernennt und entläßt die Staatsbeamten.

Art. 47 Um seine Kompetenzen zu realisieren, erläßt der Rat der Staatskommissare Beschlüsse und Anordnungen in den vom Gesetz festgelegten Grenzen.

Art. 48 Bei ihrem Amtsantritt leisten die Kommissare und Unterkommissare den in Art. 34 angegebenen Eid.

Die Regionalräte

Art. 49 Der Regionalrat ist das die Staatsgewalt vertretende Organ, das durch die gewählten Vertreter in den Sektoren der jeweiligen Region gebildet wird.

Art. 50 Die Kompetenzen der Regionalräte sind:
1. Die Staatsgesinnung und das politische Bewußtsein der Bürger zu heben;
2. Die Achtung der öffentlichen Ordnung zu sichern;
3. Die Rechte der Bürger zu verteidigen;

4. Die Lebens- und Arbeitsbedingungen der Bürger ständig zu bessern;
5. Die politische, wirtschaftliche, soziale und kulturelle Aktivität der Bürger und ihrer Kollektive zu fördern, zu entwickeln und zu kontrollieren;
6. Für die Verstärkung der Verteidigungsfähigkeit und der Landessicherheit zu arbeiten;
7. Die lokalen Ressourcen für eine wirtschaftliche Entwicklung ihrer Bezirke zum Einsatz zu bringen und die Bedürfnisse der Bevölkerung für Güter und Dienstleistungen mehr und mehr zu befriedigen;
8. Schaffung, Leitung und Entwicklung der schulischen, kulturellen und sportlichen Institutionen, der Institutionen des Gesundheitswesens und der anderen öffentlichen Dienstleistungen;
9. Ernennung der für die Verwaltung ihres Bezirkes notwendigen Organe.

Art. 51 Zur Verwirklichung ihrer Kompetenzen und im Rahmen der gesetzlich festgelegten Grenzen nehmen die Regionalräte Resolutionen an.

Die Resolutionen der Regionalräte sind für alle Institutionen, Kollektive und Bürger der jeweiligen Regionen verbindlich. Sie können vom Staatsrat aufgehoben werden.

Art. 52 Zur Durchführung seiner Resolutionen wählt der Regionalrat ein regionales Staatskomitee und sektorale Staatskomitees, deren Zusammensetzung, Befugnisse und Funktionsweise gesetzlich festgelegt werden.

Diese örtlichen Exekutivorgane führen nicht nur die Beschlüsse der Regionalräte, sondern auch die Beschlüsse der Organe der Zentralverwaltung aus.

Art. 53 Die Nationale Volksversammlung kann einen Regionalrat auflösen und Wahlen anordnen.

Richterliche Gewalt

Art. 54 Recht wird im Namen des Volkes von Guinea-Bissao im Rahmen der gesetzlich festgelegten Bedingungen und Formen gesprochen. Das Gesetz bestimmt in gleicher Weise das Gerichtswesen des Staates.

Art. 55 Die Rechtsprechung dient der Verwirklichung der fundamentalen Ziele der Verfassung.

Art. 56 In Ausübung seiner Aufgaben gehorcht der Richter nur dem Gesetz und seinem Gewissen. Richter werden kann nur derjenige, der bewiesen hat, daß er seine Aufgaben getreu den Grundsätzen und Zielen dieser Verfassung ausübt. Das Recht auf Verteidigung wird dem Beschuldigten und dem Angeklagten zuerkannt und gewährleistet.

Verfassungsänderung

Art. 57 Die vorliegende Verfassung kann nur durch die Nationale Volksversammlung und auf Initiative des Staatsrates oder eines Drittels der Abgeordneten geändert werden.

Art. 58 Jegliche Verfassungsänderung muß von einer Mehrheit von zwei Dritteln der Abgeordneten gebilligt werden. Die Nationale Volksversammlung kann entscheiden, ob das Vorhaben einer Verfassungsänderung zur Volksabstimmung vorgelegt wird.

Wichtigste Reden und Aufsätze von Amilcar Cabral

Die folgende Liste der Aufsätze, Reden und Interviews ist nicht vollständig, da viele Materialien noch nicht veröffentlicht wurden. Zudem sind nicht alle Übersetzungen angegeben. Kursiv gedruckte Veröffentlichungen sind in diesem Buch vollständig oder auszugsweise abgedruckt.

1960   The Facts about Portugals African Colonies, Union of Democratic Control, London 1961.

1961	Rapport Général sur la Lutte, PAIGC-Paper, Conakry 1961.
1961, 25. 3.	Guinea and Cabo Verde against Portuguese Colonialism, in: Partisan 7, Paris 1962 und in: A. Cabral, Revolution in Guinea, London 1971.
1962	At the United Nations, in: A. Cabral, Revolution in Guinea.
1962, 12. 12.	Anonymous Soldiers for the United Nations, in: A. Cabral, Revolution in Guinea.
1963	The War in ›Portuguese‹-Guinea, in: Révolution, Paris 1965.
1964	National Liberation and Peace, in: A. Cabral, Revolution in Guinea.
1964	La Lutte en Guinée, in: Revue Internationale du Socialisme, No. 4, Rom 1964.
1964, 3. 5.	*Brève Analyse de la Structure sociale de la Guiné-›Portugaise‹.*
1965	Mots d'Ordre, Direktiven zur revolutionären Aktion, in: A. Cabral, Revolution in Guinea.
1965	La Conférence de Dar Es-Salaam;
3.-8. 10.	– Document de Base (zusammen mit Mario de Andrade, MPLA) – Intervention (Séance d'Ouverture) – Intervention (Séance pleinière) in: CONCP, La Lutte de Libération nationale dans les Colonies portugaises, La Conférence de Dar Es-Salaam, Alger 1968; letztere auch in: A. Cabral, Revolution in Guinea.
1966, 6. 1.	*L'Arme de la Théorie, auch: Les Fondements et les Objectifs de la Libération Nationale en Rapport avec la Structure sociale.*
1968	The Development of the Struggle, in: A. Cabral, Revolution in Guinea, und in: A. Cabral, Die Theorie als Waffe, Berlin 1968.
1968	On Freeing Captured Portuguese Soldiers, in: A. Cabral, Revolution in Guinea.
1968	*Practical Problems and Tactics.*
1968	Vorwort von A. Cabral zu: B. Davidson, The Liberation of Guiné, Harmondsworth 1969
1969	*Message to the People of Portugal.*
1969	*Die Macht der Waffen.*
1969, 1. 1.	New Year's Message, PAIGC-Paper, Conakry, und in: A. Cabral, Revolution in Guinea.
1970	Cinquante Ans de Lutte pour la Libération Nationale, in: Questions Actuelles du Socialisme, No. 110, März-April 1973, Beograd.
1970	PAIGC: Optimiste et Combattant, in: Tricontinental-Magazine, No. 19/20, Juli-Oktober 1970, Havanna.
1971	*Die Lage in Guinea-Bissao.*
1971, 1. 1.	*Message du Nouvel An: Tirons toutes les leçons de l'agression criminelle perpétrée par les colonialistes portugais contre le peuple frère de la République de Guinée. Renforçons et développons la lutte pour remporter de plus grandes victoires en 1971.*
1971, 21. 6.	Speech at the Closing Session of the 8th Conference of African Heads of State and Government, PAIGC-Paper, Conakry 1971.
1971, 3. 8.	Message à l'Occasion du 3 Août, PAIGC-Paper, Conakry 1971.
1971, 19. 9.	Message à l' Occasion du XV Anniversaire de la Fondation du Parti: La Conscience nouvelle que la lutte a forgée chez les hommes et les femmes de notre pays est l'arme la plus puissante de notre peuple contre les criminels Colonialistes Portugais.
1971, 20. 10.	Les Régions Libérées, in Libération Afrique, No. 5/73, Paris.
1971, 26. 10.	Rede in der Central-Hall, in: A. Cabral, Our People are our Mountains, und in: Komitee Südliches Afrika, Der Kampf um Guinea-Bissao, Heidelberg 1973.
1971, 27. 10.	Diskussionsveranstaltung an der Universität London, in: A.

	Cabral, Our People are our Mountains, und in: KSA, Der Kampf um Guinea-Bissao.
1971, 3. 12.	Grundlegende Bestimmungen für die Bildung der Nationalen Volksversammlung, in: KSA, Für den völligen Sieg über Kolonialismus und Imperialismus, Heidelberg 1973, und in: pogrom, Nr. 23/25, Hamburg 1973.
1972	Die drei Phasen des portugiesischen Plans (zur Zerstörung der Partei), in: afric-asie, No. 25, 5.-18. März 1973 und in: KSA, Für den völligen Sieg über Kolonialismus und Imperialismus.
1972	Das Volk von Guinea-Bissao und den Kapverdischen Inseln vor der UNO, in: KSA, Für den völligen Sieg über Kolonialismus und Imperialismus.
1972, 19. 5.	Memory of President Dr. Kwame Nkrumah, PAIGC-Paper, Conakry 1972.
1972, 7. 7.	*Le Rôle de la Culture dans la Lutte pour l'Indépendance.*
1972, 19. 9.	*Message à l'Occasion du XVI Anniversaire de la Fondation du Parti; Une seule Solution: l'Indépendance.*
1973	Establishment of the People's National Assembly in Guinea (Bissao), PAIGC-Paper, Conakry 1973; auch in: Antiimperialistisches Informationsbulletin, Nr. 10/1973; pogrom Nr. 23/25, Hamburg 1973; KSA, Für den völligen Sieg über Kolonialismus und Imperialismus.
1973, 1. 1.	*Message du Nouvel An.*
1973, 20. 1.	Situation de la Lutte du PAIGC en Janvier 1973, PAIGC-Paper, Conakry 1973.
o. J.	Les Crimes des Colonialistes Portugais face à la Déclaration Universelle des Droits de l'Homme, in: B. Schilling / K. Unger, Angola, Guinea, Moçambique, Frankfurt 1971.

Quellenangaben

- Kurze Analyse der Gesellschaftsstruktur in ›portugiesisch‹-Guinea: Übersetzung aus: PAIGC, Brève Analyse de la Structure Sociale de la Guinée ›Portugaise‹, Conakry 1964; unter Verwendung der deutschen Fassung aus: Komitee Südliches Afrika, Der Kampf um Guinea-Bissao, Heidelberg 1973.
- Die nationalen Bewegungen in den portugiesischen Kolonien: Übersetzung aus: La Conférence de Dar Es-Salaam, CONCP, La Lutte de Libération nationale dans les Colonies portugaises, Alger 1968.
- Grundlagen und Ziele der nationalen Befreiung in Bezug auf die Sozialstruktur; Übersetzung aus: PAIGC, Les Fondements et les Objectifs de la Libération Nationale en Rapport avec la Structure Sociale, Conakry 1966, und: PAIGC, Fondements et Objectifs de la Libération Nationale, Sur la Domination Impérialiste et sur la Libération Nationale, Conakry 1966; unter Verwendung der deutschen Fassung aus: Amilcar Cabral, Die Theorie als Waffe, Berlin 1968.
- Praktische Probleme und Taktik: Practical Problems and Tactics, übersetzt aus: Tricontinental Magazine, No. 8, September 1968, Havanna 1968.
- Mitteilung an das portugiesische Volk: Übersetzt aus: Message to the People of Portugal, in: A. Cabral, Revolution in Guinea, London 1969.
- Die Macht der Waffen: Veröffentlicht in: Tricontinental-Magazine, No. 12, Havanna 1969, deutscher Text aus: Antiimperialistisches Informationsbulletin, Nr. 3, August 1970.
- Kurzer Bericht über die Lage des Kampfes in Guinea, veröffentlicht in: A. Cabral, Our People are our Mountains, London 1972; deutscher Text aus: Komitee Südliches Afrika, Der Kampf um Guinea-Bissao, Heidelberg 1973.
- Ziehen wir die Schlüsse aus dem verbrecherischen Angriff der portugiesischen

Kolonialisten gegen das Brudervolk der Republik Guinea, verstärken und entwickeln wir den Kampf, um 1971 noch größere Siege zu erringen: Übersetzung aus: PAIGC, Tirons toutes les leçons de l'agression criminelle perpetrée par les colonialistes portugais contre le peuple frère de la République de Guinée. Renforçons et développons la lutte pour remporter de plus grandes victoires en 1971, Conakry 1971.

- Die Rolle der Kultur im Befreiungskampf: deutscher Text aus: UNESCO-Kurier, November 1973.
- Die einzige Lösung: die Unabhängigkeit: Übersetzt aus: PAIGC, Une seule Solution: l'Indépendance, Conakry 1972.
- Neujahrsbotschaft 1973: Übersetzung aus: PAIGC, Message du Nouvel An, Conakry 1973.
- Programm der PAIGC: Veröffentlicht in: PAIGC, Status et Programm, o. O., o. J., deutsche Übersetzung aus: pogrom, Nr. 23 und 25, Hamburg 1973.
- Verfassung der Republik Guinea-Bissao, deutscher Text aus: pogrom, Nr. 23 und 25, Hamburg 1973 (inoffizielle Übersetzung).

Ausgewählte Literatur über Guinea-Bissao

Afrika-Komitee, Ein Volk in Bewegung kann niemand aufhalten. Berlin 1974 (Oberbaum-Verlag, IR 5)

Amilcar Cabral, Revolution in Guinea. London 1969 (Stage 1)

Gérard Chaliand, Bewaffneter Kampf in Afrika. München o. J. (Trikont Verlag 1969)

Basil Davidson, The Liberation of Guiné. Mit einem Vorwort von A. Cabral. Harmondsworth 1969 (Penguin Books, AP 27)

Barbara Schilling /K. Unger, Angola, Guinea, Moçambique. Frankfurt/Main 1971 (Verlag Marxistische Blätter)

S. J. Bosgra / Cr. van Krimpen, Portugal und die NATO. Offenbach 1973 (Verlag 2000)

Solidaritätsadressen

Die PAIGC benötigt für ihren nationalen Befreiungskampf folgende Materialien: Lebensmittel, Haushaltsartikel, Hygieneartikel, elektrische Apparate, Übermittlungsgeräte, Schulmaterialien, landwirtschaftliche Werkzeuge, Kleider und Schuhe, Stoffe, Fahrzeuge und Ersatzteile, Medikamente, Geld.

Achtung: Nichts direkt senden, sondern zuerst Kontakt mit bereits hier tätigen Solidaritätsgruppen aufnehmen, die über detaillierte Listen und Versandmöglichkeiten verfügen.

BRD *Afrika-Komitee,* c/o E. A. Kraft, D-1 Berlin 41, Handjerystr. 24. Postscheckkonto Berlin (W) 358117-102
Antiimperialistisches Informationsbulletin, D-355 Marburg, Liebigstr. 46. Postscheckkonto: W. Breuer, Köln 171387
Deutsches Komitee für Angola, Moçambique und Guinea-Bissao, D-53 Bonn, Bergweg 21. Postscheckkonto Hannover 220641
Informationsstelle Südliches Afrika, D-53 Bonn, Am Markt 10-12. Postscheckkonto Köln 281210-504

Schweiz Komitee Südliches Afrika, D-69 Heidelberg, Postfach 2184
Afrika-Komitee, Postfach 841, 4001 Basel, Postscheckkonto 40-17754
SAFEP, Schweizerische Arbeitsgruppen für Entwicklungspolitik, Postfach 1007, Ch-3001 Bern. Postscheckkonto Bern 30-13450
Medic'Angola, Postfach 2778, CH-8023 Zürich. Postscheckkonto Zürich 80-17440

Österreich *Komitee Südliches Afrika,* A-1040 Wien, Wiener Hauptstraße 24/17. Postscheckkonto Wien 601-228-604

Niederlande *Angola Comité,* Da Costastraat 88, Amsterdam
Medisch Komitee Angola, Minahasstraat 1, Amsterdam
(Spendenüberweisungen mit dem Vermerk »für Guinea-Bissao«)

Nicht alle Gruppen sind in dieser Liste erfaßt.

Für weitere Auskünfte kann man sich auch direkt an die PAIGC, Boîte Postale 298, Conakry, Rép. Guinée, wenden.

Nachbemerkung

Der militärisch-politische Gegenspieler von Amilcar Cabral und der Befreiungsbewegung von Guinea-Bissao, General Spinola, der sicherlich nicht unbeteiligt war an dem Mord an Cabral, wurde von der putschenden, portugiesischen Armee zum Chef einer Militärjunta ernannt, die nach eigener Bezeugung ein Übergangsregime darstellen will, das die fast 50jährige faschistoide Diktatur ablöst und den Boden bereitet für bürgerlich demokratische Verhältnisse in Portugal.

Der lang vorbereitete Putsch provozierte weder die NATO zu militärischen Aktionen, noch veranlaßte er Spanien, militärisch einzugreifen, das nach dem Iberischen Vertrag von 1940 jederzeit dazu berechtigt gewesen wäre. Das politische Kalkül der NATO und auch Spaniens kann sich darauf beziehen, daß entweder die revolutionäre Volksbewegung in Portugal zu stark ist, um sie überhaupt noch militärisch zurückdrängen zu können, oder daß Spinola eine neue Politik einleitet, die es den bürgerlichen Klassen ermöglicht, die ökonomische und politische Machtposition auszubauen.

Im Verhältnis zu den afrikanischen Kolonien zeigt sich die widersprüchliche Rolle der Militärjunta. Von einer nationalen Unabhängigkeit dieser Kolonien wird nicht gesprochen, sondern lediglich eine Teilsouveränität im Rahmen der portugiesischen Herrschaft angeboten. Die portugiesische Bourgeoisie, ihr Militär und das ausländische Kapital, vor allem das deutsche und französische Kapital, sind nicht bereit, den politischen und ökonomischen Einfluß auf die Kolonien aufzugeben. Stattdessen soll der ›offene‹ Kolonialismus ersetzt werden durch die sublimeren Formen indirekter ökonomischer Interventionen und Abhängigkeiten, um weiterhin die Rohstoffe und Agrarprodukte auszuschöpfen.

Diese Absicht ließ Spinola in seiner Untersuchung über »Portugal und die Zukunft« erkennen. Dort stellte er besonders heraus, daß der Guerillakrieg von Portugal militärisch nicht zu gewinnen war. Obwohl Portugal in diesen Krieg insgesamt 15 Milliarden Mark investiert hatte, waren die Auslandsbesitzungen zunehmend »gefährdet« von den Befreiungsbewegungen, die immer größere Gebiete unter ihre Kontrolle brachten. Diese Militärausgaben stürzten im Gegenteil die portugiesische Volkswirtschaft in die Inflation, veranlaßten die portugiesischen Kapitalisten, ihr Kapital im Ausland anzulegen und schreckten gleichzeitig die ausländischen Kreditgeber und Interessenten ab.

Der niedere Entwicklungsstand der portugiesischen Industrie, die schlechten Arbeitsbedingungen und die niedrigen Löhne mußten zur sozialen Unruhe führen, was wiederum den terroristischen Druck auf die Arbeiter und Bauern von seiten des Staats verstärkte. In diesem Karussell trieb Portugal in die soziale Revolution, in deren Gefolge die Kolonien schließlich ihre nationale Unabhängigkeit erringen würden.

Um ökonomisch weiterzukommen, um die Industrialisierung zu fördern und ausländisches Kapital zu gewinnen, war eine politische Umorientierung notwendig geworden. Die faschistoide Diktatur hatte die Entwicklung der Produktivkräfte gebremst und sich politisch verbraucht. Die militärisch kontrollierte Demokratisierung, die immer die Alternative zur Etablierung einer neuen Diktatur offen läßt, soll die sozialen und politischen Voraussetzungen schaffen, um die Industrialisierung Portugals zu verstärken, um den Anschluß an Spanien und Westeuropa nicht zu verlieren. Um dieses Ziel zu erreichen, wird es für die portugiesische Bourgeoisie und für ihren Fürsprecher, General Spinola, unmöglich sein, den Kolonien die nationale Unabhängigkeit zu gewähren. Politische Beteiligung ohne Autonomie, das ist die Parole. Und so gehen die portugiesischen Militärs daran, demokratische Körperschaften zu bilden, die den Afrikanern vorgaukeln sollen, demokratisch entscheiden zu können. Alle Methoden der Bestechung und der Beeinflussung werden aufgeboten, um die Afrikaner im Herrschaftsbereich Portugals zu halten.

Dagegen können die Befreiungsbewegungen nur die Fortführung des Kampfes proklamieren. Cabral hat in seinen Analysen die Schwierigkeiten aufgezeigt, vor denen eine politische Bewegung steht, die in einem Milieu agiert, das gekennzeichnet ist durch eine Mischung von ethnischen Strukturen und vorkapitalistisch-feudalen Herrschaftsformen. Gelingt es, im Kampf gegen den portugiesischen Kolonialismus die einzelnen Stämme mit der Bewegung der Landarbeiter, der armen Bauern, des Proletariats und der Intelligenz zu vereinen, so wird in diesem Kampf eine einheitliche Nation entstehen. Dagegen versucht die neue Politik Spinolas anzugehen.

Mai 1974   *Herausgeber und Verlag*

Bernd Rabehl · *Geschichte und Klassenkampf*
Einführung in die marxistische Geschichtsbetrachtung der Arbeiterbewegung
Rotbuch 100 · 192 Seiten · 7 Mark

Aras Ören · *Was will Niyazi in der Naunynstraße*
Ein Poem · Rotbuch 101 · 72 Seiten · 5 Mark

F. C. Delius · *Unsere Siemenswelt*
Eine Festschrift zum 125jährigen Bestehen des Hauses S.
Rotbuch 102 · 108 Seiten · 6 Mark

Vom gleichen Autor liegen bereits vor:

Kerbholz
Gedichte · 72 Seiten · 5 Mark 80

Wir Unternehmer
Über Arbeitgeber, Pinscher und das Volksganze · 96 Seiten · 5 Mark 80

Wenn wir, bei Rot
Gedichte · 72 Seiten · 5 Mark 80

Jahrbuch zum Klassenkampf 1973
Sozialistische Initiativen im kapitalistischen Deutschland
Herausgegeben von Harald Wieser · Rotbuch 103 · 192 Seiten · 7 Mark

Peter Schneider · *Lenz*
Eine Erzählung · Rotbuch 104 · 96 Seiten · 6 Mark

Vom gleichen Autor liegt bereits vor:

Ansprachen
Reden, Notizen, Gedichte · 72 Seiten · 5 Mark 80

D. Rjazanov · *Marx und Engels (nicht nur) für Anfänger*
Nachwort von Bernd Rabehl · Rotbuch 105 · 192 Seiten · 7 Mark

Yaak Karsunke · *Josef Bachmann / Sonny Liston*
Versuche aus der Unterklasse auszusteigen
Rotbuch 106 · 72 Seiten · 5 Mark

Vom gleichen Autor liegen bereits vor:

Kilroy & andere
Gedichte · 72 Seiten · 5 Mark 80

reden & ausreden
Gedichte · 60 Seiten · 5 Mark 80

Eschen / Sami / Plogstedt / Serge
Wie man gegen Polizei und Justiz die Nerven behält
Rotbuch 107 · 96 Seiten · 5 Mark

Heiner Müller · *Geschichten aus der Produktion 1*
Prosa/Stücke/Gedichte/Protokolle · Rotbuch 108 · 106 Seiten · 8 Mark

Hoffmann's Comic Teater · *Will dein Chef von dir mal Feuer*
Rollenspiele und was man damit machen kann · Rotbuch 109 · ca. 96 Seiten · ca. 6 Mark

Kurt Mandelbaum · *Sozialdemokratie und Leninismus*
Zwei Aufsätze · Rotbuch 110 · ca. 120 Seiten · ca. 6 Mark

Arno Münster · *Der Kampf bei LIP*
Arbeiterselbstverwaltung · Rotbuch 111 · ca. 192 Seiten · ca. 8 Mark

Alfred Behrens · *Die Fernsehliga*
Spielberichte vom Fußballgeschäft der Zukunft · Rotbuch 112 · 96 Seiten · 7 Mark

Amilcar Cabral · *Die Revolution der Verdammten*
Der Befreiungskampf in Guinea-Bissao · Rotbuch 113 · 144 Seiten · 6 Mark

Gerd Höhne · *Wir gehn nach vorn!*
Erfahrungsbericht über die Arbeitskämpfe bei Mannesmann · Rotbuch 114 · ca. 96 Seiten · ca. 5 Mark

E. Preobraczenskij · *Die sozialistische Alternative*
Marx, Lenin und die Anarchisten über die Abschaffung des Kapitalismus · Rotbuch 115 · ca. 140 Seiten · ca. 6 Mark

Karl Mickel · *Einstein/Nausikaa*
Die Schrecken des Humanismus in zwei Stücken · Rotbuch 116 · 96 Seiten · 7 Mark

Heinz Rudolf Sonntag
Lateinamerika: Faschismus oder Revolution
Rotbuch 117 · ca. 200 Seiten · ca. 8 Mark

Schulkampf
Hrsg. Harald Wieser · Rotbuch 118 · ca. 120 Seiten · ca. 6 Mark

Rotkehlchen 1
Hoffmann's Comic Teater / Ton, Steine, Scherben
Herr Freßsack und die Bremer Stadtmusikanten
Eine Schallplatte · 30 cm · 33 UpM · 12 Mark 80

Roter Kalender für Lehrlinge und Schüler
160 Seiten · 3 Mark

Bitte verlangen Sie vom Verlag den kostenlosen Almanach ›Das kleine Rotbuch‹. Er informiert Sie ausführlich über die Arbeit des Verlages:

Rotbuch Verlag · 1 Berlin 31 · Jenaer Straße 9